FRAU FADENSCHEIN

FALTTASCHEN NÄHEN

PRAKTISCH,
KOMPAKT,
IMMER DABEI

EMF

EIN BUCH DER
EDITION MICHAEL FISCHER

INHALT

ALLES ZUM THEMA STOFF FINDEST DU AB SEITE 8

FÜR JEDE TASCHE DER PASSENDE VERSCHLUSS – SEITE 15

SCHWIERIGKEITSGRADE

einfach
fortgeschritten
anspruchsvoll

SEITE 30

SEITE 42

SEITE 74

SEITE 58

VORWORT

Liebe Nähbegeisterte, lieber Nähfreund,
ich freue mich, dass du mein neues Nähbuch in den Händen hältst. Darin findest du Schnittmuster für Taschen, die man einfach zusammenfalten und platzsparend mitnehmen kann. Vom schlichten Einkaufsbeutel, der sich in einem Säckchen klein macht, über eine schicke Retro-Handtasche bis hin zur raffiniert geknoteten Furoshiki-Tasche im japanischen Stil kannst du Modelle in verschiedenen Schwierigkeitsgraden nachnähen. Mit spannenden Materialien wie ReLeda, Kunstleder und Wachstuch wird deine neue Tasche garantiert zum besonderen Hingucker!

Ich wünsche dir viel Freude beim Nähen!

Claudia alias Frau Fadenschein

GRUNDLAGEN

01
TEXTILIEN

Für die Taschen in diesem Buch werden verschiedene Textilien und Materialien miteinander kombiniert, um spannende Effekte zu erzeugen.

BAUMWOLLSTOFFE

Gewebte Baumwollstoffe gibt es in Hülle und Fülle – von schlichten einfarbigen bis hin zu bunt gemusterten Patchworkvarianten. In Farbe und Design aufeinander abgestimmte Stoffe werden als Serien angeboten und laden zum Kombinieren ein. Diese Materialien eignen sich sowohl als Außen- wie auch als Futterstoff für Taschen. Deiner Fantasie sind hier keine Grenzen gesetzt. Damit deine Tasche später einen guten Stand hat, sollten diese Stoffe mit Vlieseinlage verstärkt werden. Welche Einlage sich am besten eignet, entnimmst du der Materialliste des entsprechenden Taschenprojekts.

CANVAS

Canvas-Stoffe bestehen traditionell auch aus Baumwolle, sind aber dichter und fester gewebt und damit sehr robust. Deshalb eignen sie sich perfekt für Taschen, die täglich im Einsatz sind oder stark beansprucht werden. Da Canvas meist auch dicker ist als andere Baumwollstoffe, haben daraus genähte Taschen einen guten Stand und müssen nicht extra mit Vlieseinlage verstärkt werden.

DIE TIERFREIE ALTERNATIVE ZU LEDER

KUNSTLEDER

Lederimitate bestehen aus einem Gewebe, das mit Kunststoff beschichtet wird und durch eine Prägung sein typisches, lederähnliches Aussehen erhält. Kunstleder gibt es in verschiedenen Stärken, die die Eigenschaften des Materials bestimmen. Dünne Varianten sind oft weich und geschmeidig, dickere robust und steif. Für Taschen eignen sich eher weichere, unelastische Lederimitate. Um das Gewebe nicht zu perforieren, sollte Kunstleder mit einer Stretch- oder einer Microtexnadel der Stärke 80 oder 90 genäht werden. Damit das Nähfüßchen besser über das Kunstleder gleitet, kann es auf der Unterseite mit Masking Tape beklebt werden, oder man verwendet einen Teflon-Nähfuß. Da Lederimitate aus Kunststoff bestehen, sind sie nicht hitzebeständig und sollten daher auf keinen Fall gebügelt werden.

BESCHICHTETE BAUMWOLLSTOFFE

Bei den meist bedruckten Materialien wird die Oberseite mit einer Vinylschicht überzogen und ist dadurch wasserabweisend. Diese laminierten Stoffe sind oft weicher und flexibler als herkömmliches Wachstuch und deshalb zum Nähen von Taschen besser geeignet. Auch hier sollte das Nähfüßchen mit Masking Tape versehen oder ein Teflonfüßchen verwendet werden.

EINLAGEN MACHEN DIE TASCHE STANDHAFT

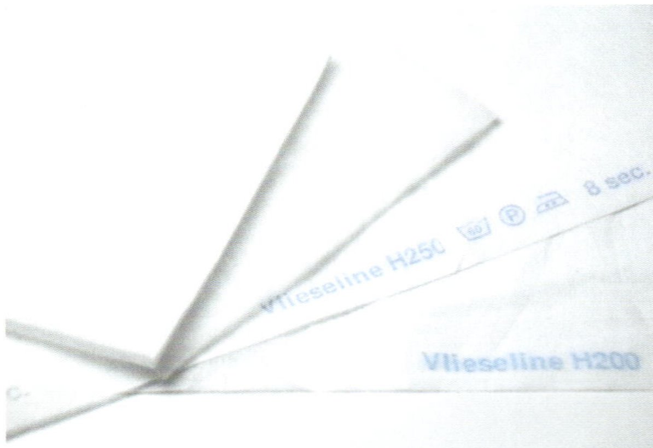

RELEDA

ReLeda ist der Markenname eines Recycling-Materials: Es besteht aus Lederresten aus der Möbel- und Schuhindustrie, die geschreddert und unter Beigabe von Latex neu verpresst werden. Dadurch erhält das Material die typische Sprenkeloptik. Es ist besonders formstabil und auch mehrlagig leicht zu verarbeiten.

VLIESEINLAGEN

Damit die Taschen einen guten Stand haben und stabil sind, sollten die Stoffe vor dem Nähen mit einer Vlieseinlage verstärkt werden. Die Wahl der Einlage hängt von der Materialstärke, dem Verwendungszweck und dem eigenen Geschmack ab. Für die Taschenprojekte in diesem Buch werden gängige Vlieseinlagen verwendet.

FÜR JEDE TASCHE DIE RICHTIGE SPEZIALEINLAGE

Diese Vlieseinlagen sind auf der Rückseite mit Kleber beschichtet und werden auf die linke Stoffseite gebügelt. Kurzinfos dazu sind meist an der Seitenkante des Vlieses aufgedruckt.

Vlieseline H 200: leichte Bügeleinlage zum Verstärken von leichten Stoffen.

Vlieseline H 250: stabile Bügeleinlage für leichte bis mittelschwere Stoffe.

Vlieseline H 630: aufbügelbares Volumenvlies, das einer Tasche mehr Stand und einen guten Griff verleiht.

Decovil I Light: leichte Bügeleinlage mit lederartigem Griff. Damit verstärkte Stoffe sind kompakter, haltbarer und gut belastbar; für Taschen also perfekt geeignet.

Diese Spezialeinlagen werden gern bei Taschen eingesetzt – Vielnäher kaufen sie am besten gleich auf Vorrat.

Lamifix: mit dem Bügeleisen fixierbare, transparente und abwischbare Folie, die auf die rechte Stoffseite aufgebügelt wird. Damit lassen sich Baumwollstoffe laminieren.

Vliesofix: doppelseitig klebendes Vlies auf Trägerpapier. Durch Aufbügeln können verschiedene Stoffe miteinander verbunden werden. Gut geeignet für Applikationen.

Style-Vil: Diese Einlage besteht aus dünnem Schaumstoff, der beidseitig mit einer Vliesschicht bezogen ist.

Die Einlage wird ringsherum etwa 1 cm größer als die Stoffteile zugeschnitten und dann knappkantig auf die linke Stoffseite aufgenäht. Damit bekommen Taschen einen festen Stand und sind zudem weich gepolstert.

02
WERKZEUGE

Das Bügeleisen ist neben der Nähmaschine eines der wichtigsten Werkzeuge beim Nähen. Weitere kleine und große Helfer machen das Zuschneiden und Nähen einfacher!

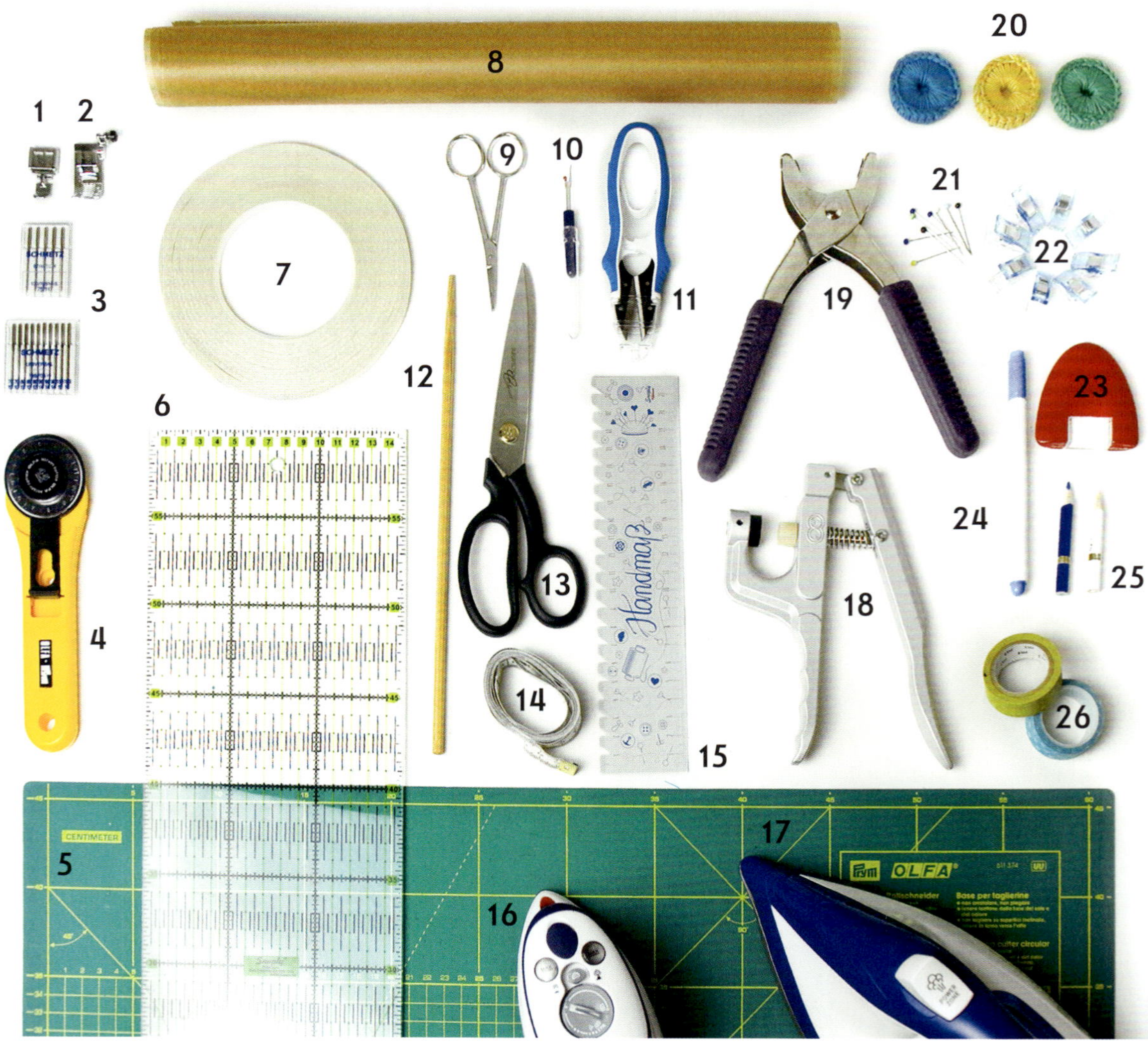

NÄHUTENSILIEN – PRAKTISCH UND UNENTBEHRLICH

LEGENDE

1 Reißverschlussfüßchen

2 Universalfüßchen

3 Nähmaschinennadeln (Universal, Stretch)

4 Rollschneider

5 Schneidematte für Rollschneider

6 Patchworklineal zum Schneiden mit dem Rollschneider

7 Doppelseitiges Klebeband (Wonder Tape)

8 Papier zum Übertragen des Schnittmusters (z. B. Backpapier, Transparentpapier von der Rolle, Seidenpapier)

9 Handarbeitsschere

10 Fadentrenner

11 Fadenschere

12 Stäbchen (als Wendehilfe, zum Ausformen von Ecken und Rundungen)

13 Stoffschere

14 Maßband

15 Handmaß

16 Mini-Bügeleisen

17 Dampfbügeleisen

18 Kam-Snap-Zange

19 Vario-Zange

20 Fixiergewichte (zum Beschweren der Schnittteile auf dem Stoff)

21 Stecknadeln

22 Stoffclips

23 Kreiderad

24 Wasserlöslicher Markierstift

25 Kreidestifte

26 Masking Tape

03
KURZWAREN

Neben den klassischen Kurzwaren wie Garn, Bändern und Knöpfen können Taschen vor allem auch durch verschiedene Verschlüsse hübsch dekoriert werden.

REISSVERSCHLÜSSE

Es gibt verschiedene Reißverschlussarten für Bekleidung und Accessoires wie Taschen. Sie sind in unterschiedlichen Längen oder vom Meter als Endlosreißverschlüsse erhältlich. Letztere sind besonders praktisch, da sie individuell auf das entsprechende Projekt zugeschnitten werden können und nur noch mit Schieber und Stopper versehen werden müssen. So kann man sich davon gleich einen größeren Vorrat anlegen. Die Reißverschlüsse gibt es in verschiedenen Farben, metallisiert (in Kupfer, Silber oder Gold) oder, besonders dekorativ, mit Spitzenband.

GURTBAND

Taschengriffe, Trageriemen, Schlaufen etc. lassen sich sehr gut aus Gurtband herstellen. Hier hast du die Wahl zwischen Gurtband aus Polyester und Baumwolle in verschiedenen Breiten. Während Baumwolle das natürlichere Material ist, hat Polyester den Vorteil, leichter zu sein und schneller zu trocknen. Die Enden von Polyesterbändern sollten vor der Weiterverarbeitung durch vorsichtiges Anflämmen mit einem Feuerzeug versiegelt und jene von Baumwollgurtband mit einem Zickzackstich versäubert werden, damit nichts ausfransen kann.

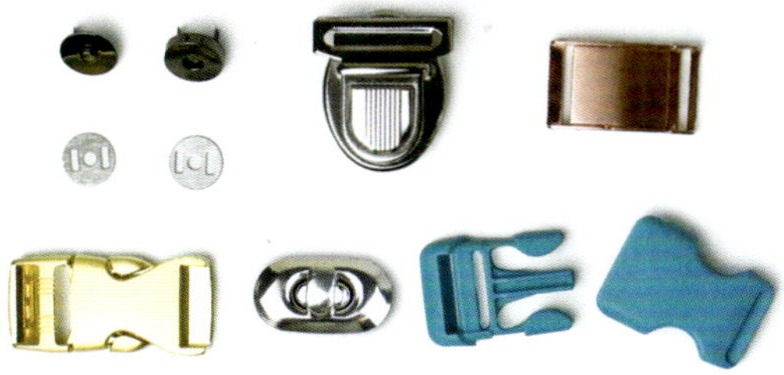

VERSCHLÜSSE

Um Taschen zu verschließen, gibt es vielfältige Möglichkeiten. Sehr gut geeignet und leicht anzubringen sind z. B. Magnet- und Drehverschlüsse sowie Steckschlösser und -schließen, die es in verschiedenen Ausführungen gibt.

RINGE UND KARABINER

Um Trageriemen zu befestigen und in der Länge zu verstellen, gibt es verschiedene Arten von Karabinern, D-Ringen und Steckverschlüssen in diversen Farben und Metallen. Auch sie können dekorativ eingesetzt werden.

PLASTIKDRUCKKNÖPFE

Nähfreie Druckknöpfe (z. B. unter dem Markennamen Kam Snaps) gibt es in vielen verschiedenen Farben und in diversen Formen. Mit ihnen kannst du Taschenklappen, Innentaschen und noch viel mehr befestigen – und das immer in der passenden Farbe zum Stoff.

KORDELN

Kordeln gibt es in verschiedenen Stärken, Farben und Arten (geflochten oder gedreht). Sie eignen sich für Taschen besonders gut als Dekoration oder als Henkel. Auch beim Seglerbedarf kann man fündig werden, oder du recycelst bereits vorhandene Kordeln oder Taue.

04
GRUNDTECHNIKEN

Jeder fängt mal klein an. Damit dir die folgenden Projekte federleicht gelingen, findest du hier einige Grundtechniken, die du nicht nur zum Taschen-Nähen gebrauchen kannst.

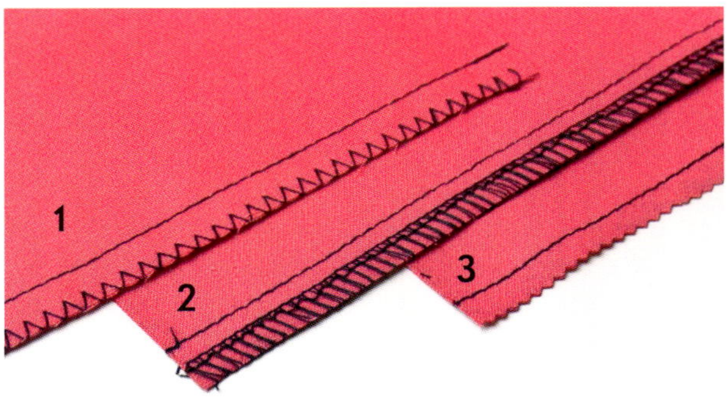

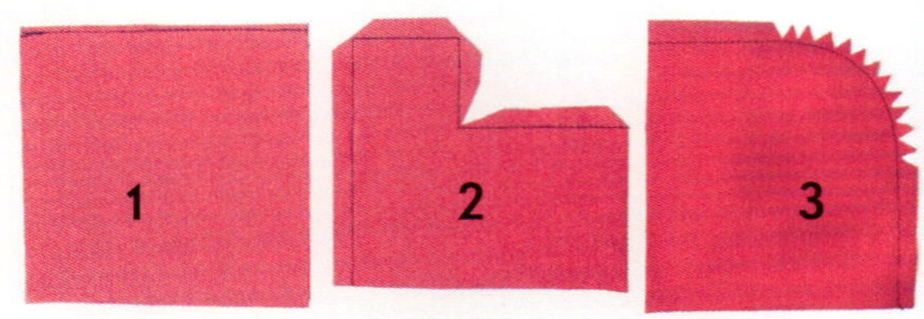

VERSÄUBERN

1 Stoffe können auf unterschiedliche Arten versäubert werden. Die gängigste Variante ist der Zickzackstich. Dabei wird die zu versäubernde Stoffkante so unter die Nadel gelegt, dass sie abwechselnd in den Stoff und beim nächsten Stich knapp neben der Kante einsticht. So wird ein Ausfransen des Stoffs verhindert.

2 Wenn du eine Overlocknähmaschine besitzt, kannst du die Schnittteile professionell versäubern. Stelle dabei den Differenzialtransport auf 1 ein.

3 Eine weitere Möglichkeit, Stoffe zu versäubern, ist das Zurückschneiden der Zugaben mit einer Zackenschere.

NAHTZUGABEN ZURÜCK- UND EINSCHNEIDEN

1 Damit verstürzte Teile nach dem Wenden schöne Nahtkanten ergeben, kann man die Nahtzugaben zurück- bzw. einschneiden. Beim Zurückschneiden wird die Zugabe auf 3 bis 5 mm vor die Naht gekürzt.

2 Bei Ecken sollten die Nahtzugaben abgeschrägt oder vorsichtig V-förmig eingeschnitten werden.

3 Rundungen werden ebenfalls V-förmig eingeschnitten, in gleichmäßigen Abständen. Nach dem Wenden sollten Ecken oder Rundungen zusätzlich mit einem Stäbchen ausgeformt und gebügelt werden.

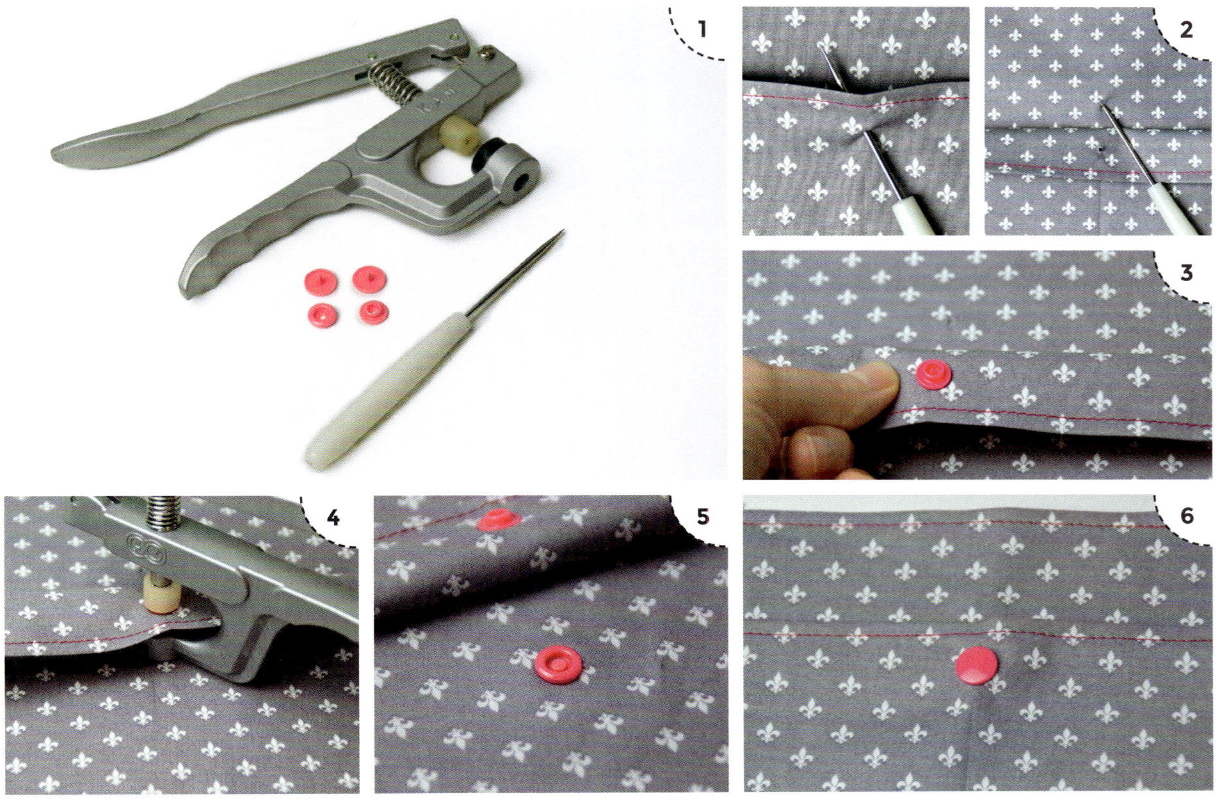

PLASTIKDRUCKKNÖPFE ANBRINGEN

1 Um Plastikdruckknöpfe (hier z. B. Kam Snaps) richtig anzubringen, benötigst du neben diesen – bestehend aus zwei Caps (runder Kopf, spitzer Stiel), einem Stud (geriffelte Rückseite, Ausstülpung auf der Vorderseite) und einem Socket (Vertiefung, Gegenstück des Studs) an sich – eine Druckknopf-Zange und eine Ahle.

2 Markiere die Position für den Druckknopf und steche mit der Ahle durch alle Stofflagen. Bei diesem Beispiel für ein Innenfach wird jeweils ein Loch in das Innenfach und die Innentasche gestochen.

3 Stecke den Cap von der Vorderseite der Innentasche durch das Loch. Auf den spitzen Stiel, der im Inneren des Steckfachs liegt, steckst du nun den Stud mit der geriffelten Seite nach unten.

4 Lege den Druckknopf in die Zange ein: Der Cap liegt auf der gewölbten, schwarzen Fläche auf, der flexible Gummiteil liegt über dem Stud. Der Cap muss genau in der schwarzen Wölbung liegen. Drücke nun die Zange mit mittlerem Druck zusammen. Entfernst du sie, siehst du, dass die Spitze des Caps breit gedrückt wurde.

5 Bringe nun das Gegenstück, den Socket, an die Innentasche an. Dafür steckst du den Cap von der linken zur rechten Stoffseite durch das Loch und positionierst den Socket mit der Vertiefung nach oben auf dem Stiel. Lege nun die beiden Teile wie zuvor in die Zange und drücke diese zusammen.

6 Nun ist der Druckknopf befestigt und du kannst ihn schließen.

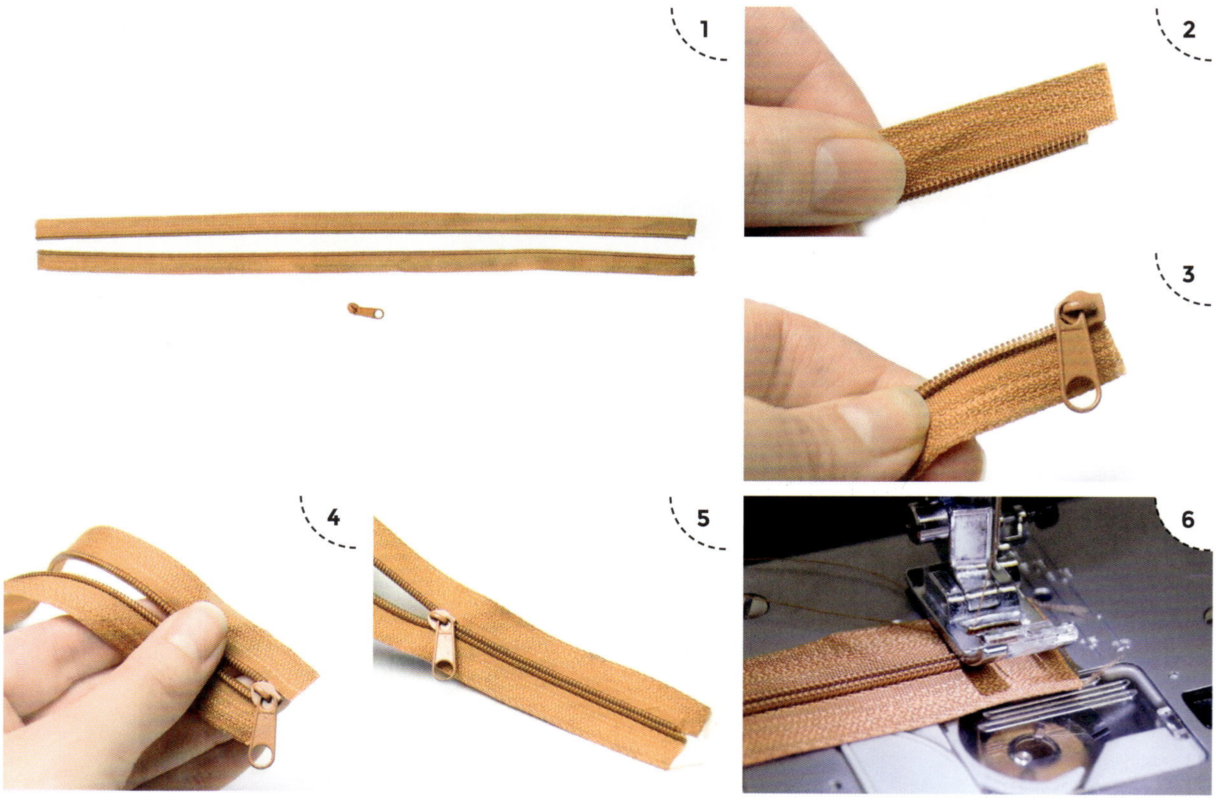

ENDLOSREISSVER-SCHLUSS VORBEREITEN

1 Wenn du einen Endlosreißverschluss für dein Taschenprojekt verwendest, musst du zuerst den Schieber auffädeln. Schneide den Reißverschluss etwas länger zu als angegeben. Öffne den Endlosreißverschluss, sodass du zwei Teile vor dir liegen hast.

2 Schneide von einem Teil (im Bild von Schritt 1 ist es der obere) ein paar Millimeter der Zähnchen heraus, die Stoffkante bleibt stehen.

3 Fädle den Schieber dann zuerst auf den anderen Teil des Reißverschlusses auf.

4 Nun setzt du den Teil des Reißverschlusses mit den abgeschnittenen Zähnchen an den Schieber, hältst beide Enden fest und ziehst den Schieber vorsichtig nach unten. Das ist der kniffligste Schritt.

5 Schneide den Reißverschluss mit aufgefädeltem Zipper nun ggf. noch auf das gewünschte Maß zu.

6 Verriegle beide (ggf. nur das untere) Reißverschlussenden, indem du einige Male quer über die Zähnchen nähst. Dadurch kann der Schieber nicht aus Versehen ausgefädelt werden. Das Verriegeln mit der Nähmaschine funktioniert nur bei Plastikzähnchen. Wenn der Reißverschluss Metallzähnchen hat, solltest du die Raupe mit ein paar Handstichen sichern.

1

2

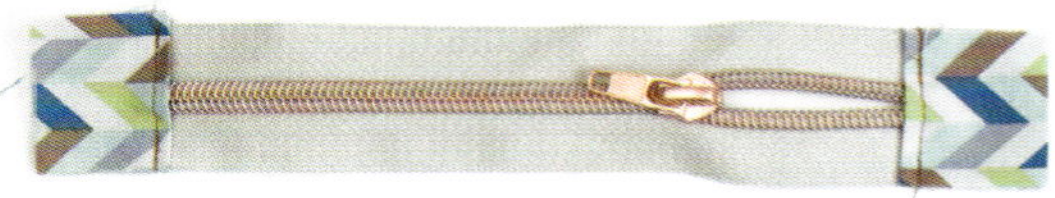

3

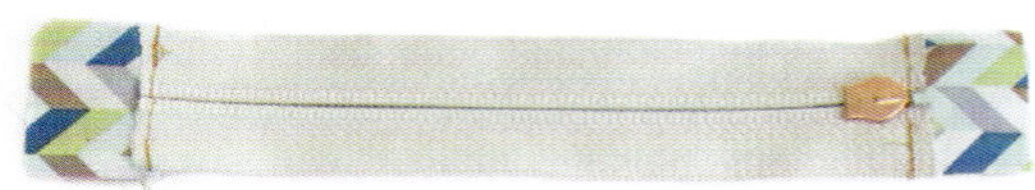

TIPP

Mit den Reißverschluss-Endstücken aus Stoff wird das Zusammennähen der Taschenteile erleichtert und es entstehen keine störenden Wülste an den Seiten.

REISSVERSCHLUSS-ENDSTÜCKE NÄHEN

1 Schneide zwei Endstücke aus Stoff in der Breite des Reißverschlusses und in 6 cm Länge zu. Falte die Endstücke quer in der Mitte und bügle die Bruchkanten.

2 Lege die Endstücke rechts auf rechts an die Reißverschlussenden an: Die Bruchkanten zeigen nach innen, die offenen Kanten liegen bündig mit den Reißverschlussenden. Nähe nun die Endstücke knappkantig entlang der Bruchkante fest.

3 Schneide nun auf der Rückseite den Reißverschluss auf ca. 5 mm zur Naht zurück.

TIPP

Der Stoff für die Endstücke darf nicht zu dünn sein, damit er bei häufigem Gebrauch der Tasche nicht ausreißt – ggf. kann er mit Einlage verstärkt werden.

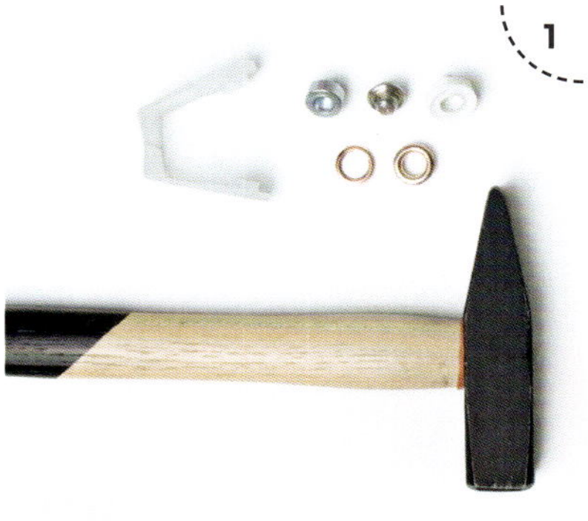

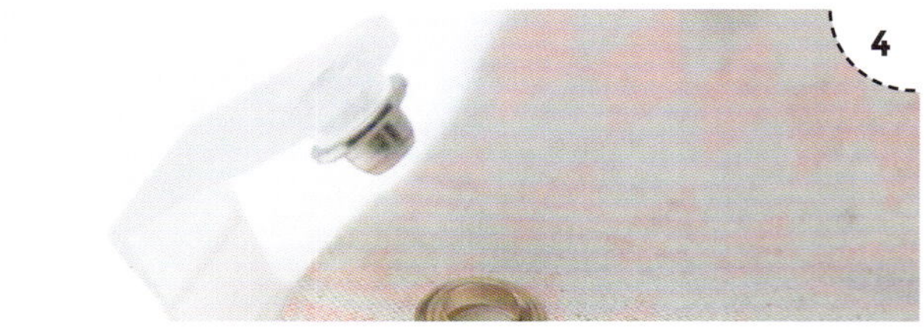

TIPP

Ösen können natürlich auch mit der Vario-Zange und dem der Verpackung beiliegenden Werkzeug angebracht werden.

ÖSEN ANBRINGEN

1 Zum Befestigen benötigst du das Ösen-Werkzeug (liegt der Verpackung bei), Ösen nach Wahl und einen Hammer. Der Stoff kann zuvor an den entsprechenden Stellen von links mit Vlieseinlage verstärkt werden.

2 Bringe das Stanzwerkzeug an den Werkzeughalter an. Markiere die gewünschte Position der Öse im Stoff. Stanze mit dem Werkzeug ein Loch an der markierten Stelle. Halte dafür das Werkzeug gut fest und schlage kräftig zwei- bis dreimal mit dem Hammer vorn auf den Werkzeughalter.

3 Setze nun anstelle des Stanzwerkzeugs die Ösenaufnahme aus Kunststoff ein und lege auf diese die Öse mit dem Niethals nach oben.

4 Lege die gestanzte Stofflage darüber, der Niethals wird dabei durch das Loch gesteckt. Lege darauf das Plättchen mit der erhabenen Wölbung nach oben.

5 Halte das Werkzeug gut fest und schlage kräftig zwei- bis dreimal mit dem Hammer auf die vordere Werkzeugseite.

6 Nun ist die Öse befestigt und du kannst nach Belieben Kordeln, Haken oder Karabiner einsetzen.

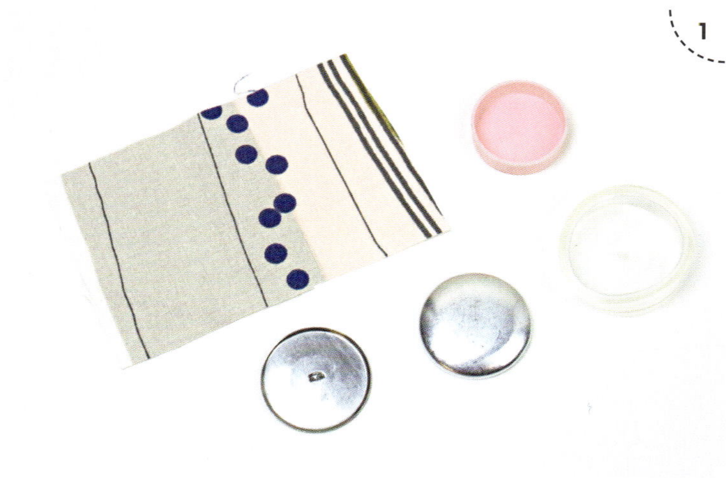

KNOPF MIT STOFF BEZIEHEN

1 Um einen Knopf mit Stoff zu beziehen, benötigst du einen Knopf-Rohling, bestehend aus Ober- und Unterteil, das dazugehörige Werkzeug (liegt dem Knopf-Set bei) und ein rundes Stoffstück in passender Größe.

2 Lege das Stoffstück mit der rechten Seite nach unten in den größeren Kunststoffdeckel und darauf das Knopf-Oberteil. Dann kannst du mithilfe des kleineren Drückers (hier rosa) alles in die Form pressen. Schneide ggf. den überstehenden Stoff noch etwas zurück, aber nicht zu knapp.

3 Falte den überstehenden Stoff nach innen (am Knopfrand darf nichts überstehen!) und lege das Knopfunterteil mit der Öse darauf.

4 Drücke nun den kleineren Kunststoffdeckel kräftig in die Mulde, bis das Knopfunterteil merklich einrastet.

5 Nun kannst du den fertigen Knopf aus dem Kunststoffdeckel entfernen und diesen weiter verwenden.

TIPP

Damit sich der Stoff faltenfrei um den Knopf legt, kannst du ihn vor dem Beziehen leicht anfeuchten.

LOXX-KNOPF ANBRINGEN

1 Für diese Verschlussvariante, die z. B. in der Automobilindustrie bei Cabrio-Verdecken verwendet wurde, benötigst du ein Loxx-Knopf-Set, bestehend aus Oberteil, Unterteil, Befestigungsscheiben und dem dazugehörigen Werkzeug sowie einen Hammer.

2 Markiere die gewünschte Knopfposition auf dem Stoff. Beginne bei einer Tasche z. B. mit der Taschenklappe. Stanze mithilfe von Werkzeug, Schlüssel und Hammer an der markierten Stelle ein Loch in den Stoff. Verwende dabei unbedingt eine Schneidematte als Unterlage.

3 Stecke nun das Knopfoberteil von der rechten Stoffseite durch das Loch.

4 Schraube nun von der Gegenseite mithilfe des Schlüssels eine Befestigungsscheibe auf das Gewinde des Knopfoberteils.

5 Bringe dann das Knopfunterteil am Taschenkorpus auf die gleiche Weise an.

6 Wenn beide Knopfteile befestigt sind, kann die Tasche verschlossen werden. Dabei rastet der Stift des Unterteils in das obere Teil ein.

7 Um den Knopf wieder zu öffnen, musst du einfach am Oberteil ziehen.

BUCHSCHRAUBEN ANBRINGEN

1 Die Buchschraube besteht aus zwei Teilen: einem mit glattem Kopf und innenliegendem Gewinde und einem mit äußerem Gewinde und einem Schraubenschlitz am Kopf.

2 Nimm das Teil (z. B. aus SnapPap, Leder oder ReLeda), das du mit Buchschrauben befestigen möchtest (hier ein Tragegriff), und stanze Löcher im Durchmesser des Stiftteils mit Innengewinde hinein.

3 Dann stanzt du noch Löcher in das Gegenstück (hier eine Stofftasche, die als Blumenübertopf dient), an dem der Tragegriff angebracht werden soll.

4 Stecke den Teil der Buchschraube mit glattem Kopf von außen nach innen durch das Loch des Tragериemens und des Gegenstücks.

5 Stecke nun den Teil mit geschlitztem Kopf von innen darauf und ziehe ihn mit einem Schraubenzieher fest.

6 Wiederhole diese Arbeitsschritte mit allen weiteren Buchschrauben, die du noch anbringen möchtest.

1

2

3

4

TRAGERIEMEN NÄHEN

1 Trageriemen lassen sich aus passenden Stoffen selbst herstellen. Du benötigst dafür einen Stoffstreifen in der gewünschten Länge des Riemens und eventuell Vlieseinlage zum Verstärken. Schneide den Streifen für den Trageriemen in dieser Länge und vierfacher Breite zu. Wenn der fertige Trageriemen 2,5 cm breit sein soll, schneidest du den Streifen also 10 cm breit zu. Falte ihn längs mittig links auf links und bügle die Bruchkante.

2 Falte den Streifen wieder auseinander und schlage die Längskanten zur Mitte ein. Bügle die Bruchkanten.

3 Falte den Streifen noch einmal mittig und bügle ihn.

4 Steppe den Streifen an der offenen Seite knappkantig ab und, nach Belieben, auch an der Bruchkante. Damit ist der Trageriemen bereit zur weiteren Verarbeitung.

TIPP

Besonders griffig und auch haltbarer wird der Trageriemen, wenn du ihn mit Vlieseline H 630 verstärkst.

1

2

3

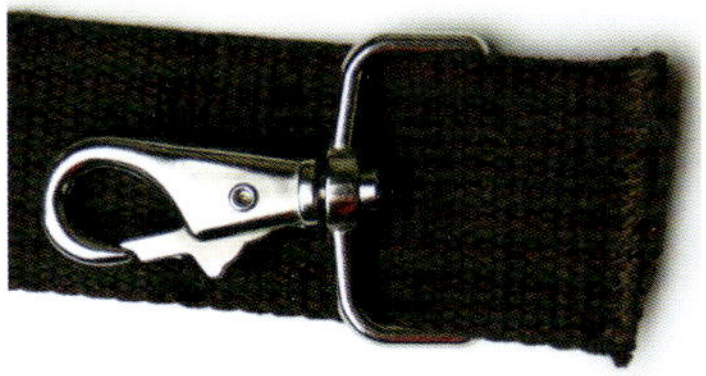

4

5

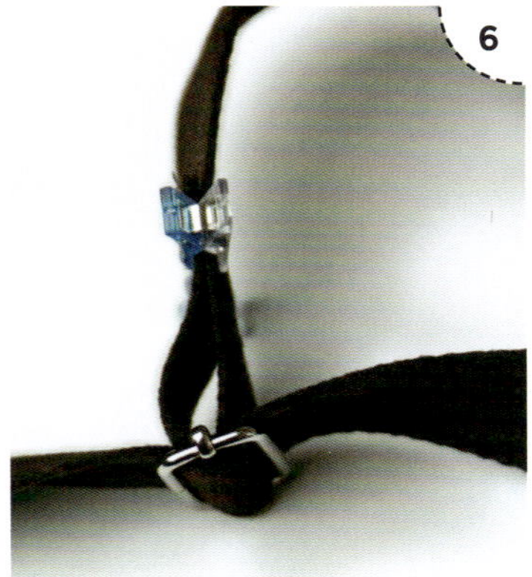

6

EINEN VERSTELLBAREN GURT HERSTELLEN

1 Nimm ein 140 cm langes Gurtband (natürlich kannst du die Länge auch variieren), versäubere die Enden. Fädle nun das Gurtband durch einen Karabiner und schlage es an diesem Ende 5 cm um.

2 Befestige das Ende mit einem Stoffclip und steppe den Umschlag im Quadrat fest. Zum Schluss nähst du noch ein Kreuz im Quadrat, um den Gurt zu stabilisieren. Verwende dafür einen Reißverschluss- oder Kantennähfuß, um besonders nah an den Karabiner heranzukommen.

3 Fädle nun auf die offene Seite des Gurtbands den Gurtschieber auf und bewege ihn bis zur Mitte des Gurts. Achte darauf, dass der Gurt nicht verdreht ist.

4 Jetzt schiebst du den Gurt von links nach rechts durch den zweiten Karabiner.

5 Anschließend schiebst du den Gurt von rechts nach links durch die Unterseite des Schiebers, also um den Steg herum, das Mittelteil des Schiebers. Der Karabiner liegt außerhalb der Gurtschlaufe, die nun entstanden ist. Der Gurt sollte ca. 6 cm aus dem Schieber herausragen. Klappe das Gurtende nach rechts um.

6 Befestige das Gurtende, indem du ein Rechteck oder ein Quadrat nähst (dabei nur an der inneren Lage des Gurts feststeppen). Zum Schluss nähst du noch ein Kreuz in diesem Viereck. Nun musst du nur noch die Karabiner in die Ringe an der Tasche einhängen.

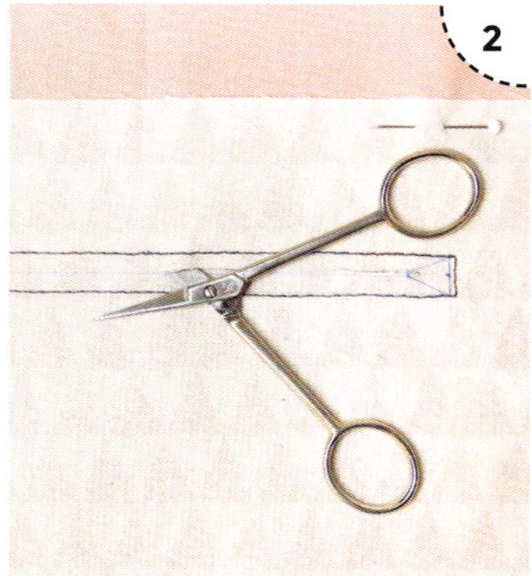

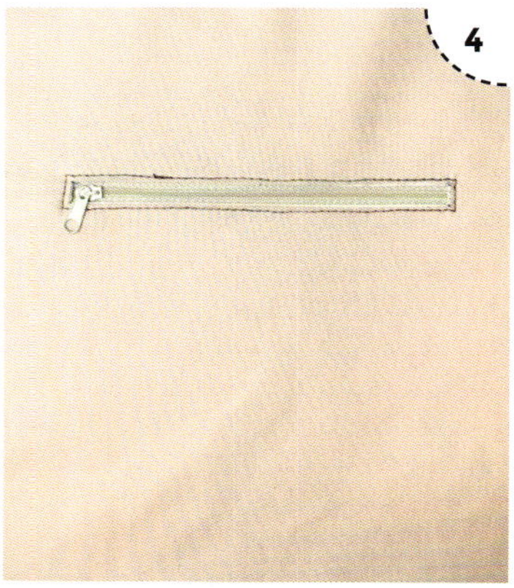

REISSVERSCHLUSSFACH FÜR INNENFUTTER NÄHEN

1 Lege ein Reißverschlussfachteil rechts auf rechts auf ein Futtertaschenteil, stecke es fest. Markiere mithilfe der Schnittvorlage die Position des Reißverschlusses. Übertrage alle Linien auf das Reißverschlussfachteil. Steppe nun exakt entlang des äußeren Rechtecks.

2 Schneide mit einer kleinen Schere den Stoff durch beide Lagen entlang der eingezeichneten Mittellinie im Rechteck ein. Schneide auch die Dreiecke bis kurz vor die Naht ein, achte aber darauf, nicht hineinzuschneiden.

3 Stecke nun die obere Stofflage (Reißverschlussfachteil) durch die Öffnung hindurch und bügle die Nahtkanten der Schlitzöffnung sorgfältig aus.

4 Lege den Reißverschluss hinter den Schlitz und fixiere ihn mit Stecknadeln oder doppelseitigem Klebeband. Der Schieber muss innerhalb der Öffnung sein. Setze das Reißverschlussfüßchen ein und nähe den Reißverschluss von der rechten Stoffseite knappkantig ringsherum fest. Beim Schieber angekommen, versenkst du die Nadel im Stoff, hebst das Nähfüßchen an und ziehst den Schieber an diesem vorbei. Dann kannst du weiternähen. Zum Schluss kannst du überstehende Reißverschlussenden auf der Rückseite abschneiden.

5 Öffne den Reißverschluss. Nun kannst du, je nach Projekt, das Reißverschlussteil mit einem weiteren Futterteil verstürzen oder dieses auf die linke Seite stecken.

6 Nähe die Teile, je nach Projekt, mit offenen Kanten oder rechts auf rechts zusammen und wende die Tasche ggf. durch den Reißverschluss nach rechts.

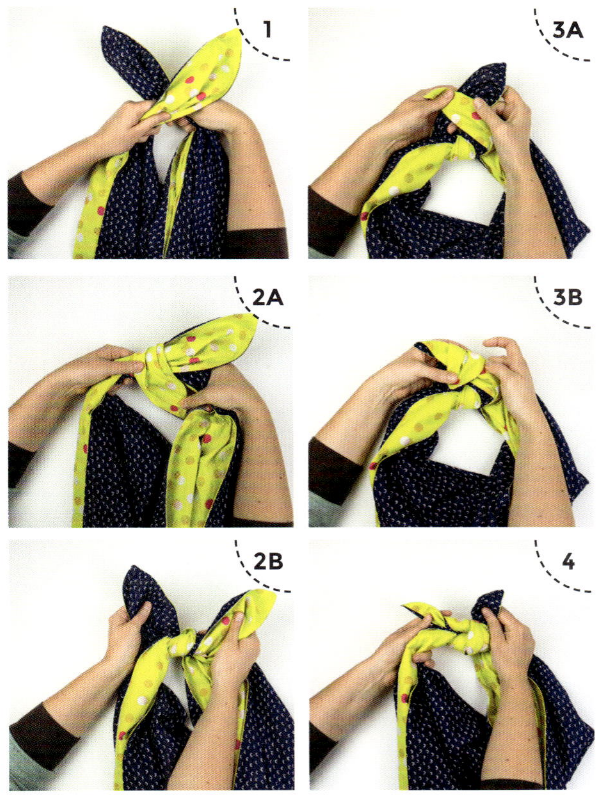

FUROSHIKI-KNOTEN

DER ÜBERHANDKNOTEN

1. Schlage ein Ende des Tuches um eine Hand herum.
2. Ziehe die Spitze des Tuchendes auf der Innenseite der Hand einmal durch die entstandene Schlaufe.
3. Damit sich der Knoten später nicht löst, diesen noch einmal kräftig festziehen.

DER KREUZKNOTEN

1. Greife die Tuchenden, die du verknoten möchtest. Das linke Ende befindet sich über dem rechten.
2. Schlage das linke Ende einmal um das rechte, sodass das linke wieder oben neben dem rechten Ende liegt.
3. Lege das Tuchende in der rechten Hand über das Ende in der linken Hand. Dann legst du dieses in der linken Hand wieder über das in der rechten und ziehst es durch die so entstandene Schlaufe.
4. Ziehe nun den Knoten noch einmal fest.

PROJEKTE

DIE MUTTER ALLER FALTTASCHEN
FUROSHIKI MIT LEDERHENKEL

Der japanische Begriff „Furoshiki“ stammt aus der Edo-Zeit und beschreibt ein geknotetes Tuch, in dem in öffentlichen Badehäusern die eigene Kleidung aufbewahrt wurde.

Maße: ca. 27 x 36 cm

MATERIAL

Der Stoffverbrauch bezieht sich auf eine Stoffbreite von 110 cm. Im Schnittmuster ist bereits 1 cm Nahtzugabe enthalten.

Oberstoff (Baumwolle): 1 m

Futterstoff (Baumwolle): 1 m

ReLeda: 7 x 70 cm
oder 1 Lederriemen: 3,5 x 70 cm

4 D-Ringe, 40 mm breit, in Kupfer

4 Buchschrauben in Kupfer

ZUSCHNITT

AUS OBERSTOFF

1 x Oberteil: 92 x 92 cm

AUS FUTTERSTOFF

1 x Innenteil: 92 x 92 cm

AUS RELEDA

2 x Henkel: jeweils 3,5 x 70 cm

Optional kann auch ein Lederriemen als Henkel verwendet werden, er muss nicht doppelt zugeschnitten werden.

TIPP

Noch schneller geht es, wenn man ein fertiges Tuch für die Tasche verwendet. Es sollte aus kräftigem, dicht gewebtem Stoff sein, damit die Tasche auch haltbar wird.

1

3

2

4

FUROSHIKI NÄHEN

1 Lege Ober- und Futterteil rechts auf rechts und nähe sie bis auf eine Wendeöffnung zusammen. Schräge die Nahtzugaben an den Ecken ab und kürze sie an den Geraden auf ca. 5 mm. Wende das Tuch und forme die Ecken aus. Bügle die Kanten, schlage die Zugaben der Öffnung nach innen und steppe das Tuch schmal ab.

LEDERHENKEL VORBEREITEN

2 Wenn du ReLeda für den Henkel verwendest, legst du die Teile aufeinander und nähst sie ringsum knappkantig zusammen. Begradige ggf. die Kanten. Fädle an einem Ende zwei D-Ringe auf, schlage es 5 cm um und befestige es mit zwei Buchschrauben (siehe Seite 23). Befestige so auch am anderen Henkelende D-Ringe.

FUROSHIKI-TASCHE KNOTEN

3 Lege das Furoshiki-Tuch mit der späteren Außenseite nach oben auf die Arbeitsfläche und falte es einmal diagonal zusammen.

4 Markiere die Mitte der beiden offenen Kanten, die später verknotet werden, indem du beide Enden an der Bruchkante noch einmal einschlägst und je eine Nadel als Markierung steckst.

5A

6

5B

7

5 Fixiere dann die beiden Enden des Dreiecks an der Bruchkante jeweils mit einem Überhand-Knoten (siehe Seite 27). Setze die Knoten bei etwas weniger als der Hälfte der Kantenlänge an (siehe Markierung). Achte darauf, dass die Knoten auf der gleichen Höhe liegen. Entferne die zuvor gesetzten Nadeln wieder.

6 Falte das Tuch auf und lege die Knoten nach innen.

HENKEL ANBRINGEN

7 An den anderen beiden Ecken des Tuchs wird nun der Henkel befestigt: Nimm eine Tuchecke, führe sie von hinten nach vorn durch beide D-Ringe einer Henkelseite und fädle sie dann weiter nach hinten zwischen den D-Ringen hindurch; ziehe die Enden straff. Wiederhole das Ganze an der anderen Ecke.

FORGET ME KNOT
GEKNOTETER BEUTEL

Minimalistischer geht es kaum – ein quadratisches Tuch wird mittels zweier Knoten zum Furoshiki-Beutel. Darin kannst du von Kleinkram bis zur Melone alles transportieren.

Maße: ca. 27 x 36 cm

MATERIAL

Der Stoffverbrauch bezieht sich auf eine Stoffbreite von 110 cm. Im Schnittmuster ist bereits 1 cm Nahtzugabe enthalten.

Oberstoff (Baumwolle): 1 m

Futterstoff (Baumwolle): 1 m

ZUSCHNITT

AUS OBERSTOFF

1x Oberteil: 92 x 92 cm

AUS FUTTERSTOFF

1x Innenteil: 92 x 92 cm

TIPP

Aufgeknotet und zusammengefaltet macht sich das Tuch ganz klein in deiner Handtasche und kann bei Bedarf schnell zum Einsatz kommen.

FUROSHIKI-TASCHE KNOTEN

1 Nähe die beiden Stoffquadrate so zusammen, wie auf Seite 32 in Schritt 1 beschrieben. Lege das Tuch mit der späteren Innenseite nach oben auf die Arbeitsfläche und binde zwei angrenzende Enden bei etwa einem Viertel der Kantenlänge des Tuches zu einem Kreuzknoten (siehe Seite 27).

2 Auf der gegenüberliegenden Tuchseite schlägst du die Kanten einige Zentimeter nach innen um und verdrehst die Ecken zunächst einige Male. Verbinde diese Enden dann ebenfalls durch einen Kreuzknoten. Dieser Bereich bildet später den Henkel der Tasche.

3 Fülle deine Tasche nach Belieben und ziehe dann die Henkelschlaufe mit der eingeschlagenen Kante unter dem Knoten von Schritt 1 hindurch.

4 Fertig ist deine Zwei-Knoten-Furoshiki-Tasche.

EIN HERZ FÜR BEUTEL
PRAKTISCHE EINKAUFSTASCHE

Besonders trickreich: Diese Einkaufstasche lässt sich, kompakt zusammengefaltet, im angenähten Beutel mit Zugband zum Shopping platzsparend in der Handtasche verstauen.

Maße: 36 x 40 cm

MATERIAL

Der Stoffverbrauch bezieht sich auf eine Stoffbreite von 110 cm. Im Schnittmuster ist bereits 1 cm Nahtzugabe enthalten.

Oberstoff (Baumwolle): 50 cm

Futterstoff (Baumwolle): 50 cm

1 Kordelstopper mit 2 Löchern

ca. 56 cm (Gummi-)Kordel, mit passendem Ø für den Kordelstopper

ZUSCHNITT

AUS OBERSTOFF

2 x Außentasche: 38 x 42 cm

2 x Tunnelzug: 23 x 6 cm

AUS FUTTERSTOFF

2 x Futtertasche: 38 x 42 cm

2 x Henkel: 60 x 6 cm

1 x kleiner Beutel: 20 x 20 cm

FALTSCHEMA

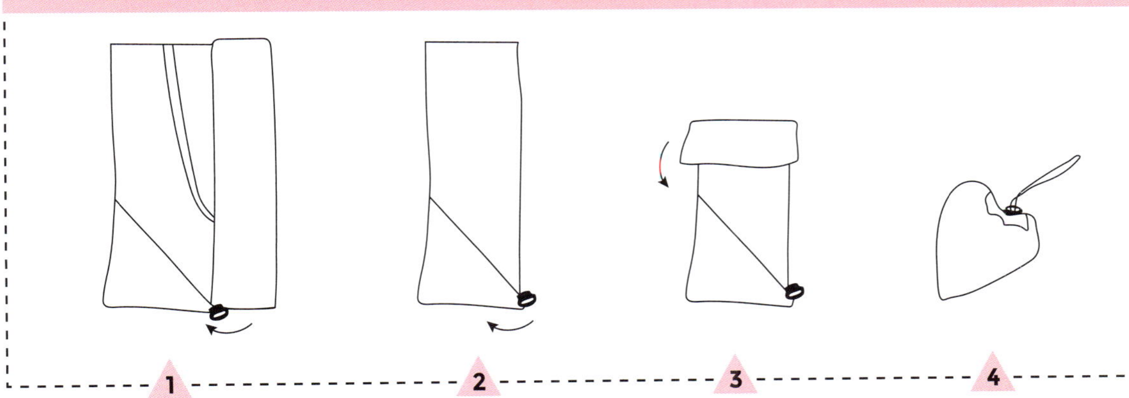

KLEINEN BEUTEL VORBEREITEN

1 Falte die kurzen Seiten der Tunnelzugteile 1 cm nach links und steppe sie fest. Falte die Tunnelzüge längs mittig und bügle die Bruchkante.

2 Schneide das kleine Beutelteil diagonal auseinander, sodass zwei Dreiecke entstehen. Stecke die Tunnelzüge jeweils rechts auf rechts und mittig an die lange Kante der Stoffdreiecke und nähe sie mit 1 cm Nahtzugabe fest. Versäubere die Nahtkanten. Klappe nun die Tunnelzüge nach oben (die Nahtzugaben zeigen zu den Dreiecken) und bügle die Naht aus. Steppe knappkantig neben der Naht die Dreiecke von rechts ab.

3 Lege die kleinen Beutelteile links auf rechts auf jeweils eine rechte und eine linke untere Ecke der Außentaschenteile. Stecke und nähe sie knappkantig fest. Die Kante mit dem Tunnelzug bleibt offen.

AUSSEN- UND FUTTERTASCHE NÄHEN

4 Lege die Außentaschenteile rechts auf rechts, achte darauf, dass die Beutelteile mit Tunnelzug genau aufeinanderliegen. Stecke und nähe die Taschenteile bis auf die Oberkante zusammen. Achte darauf, dass die Öffnungen am Tunnelzug frei bleiben. Schräge die Zugaben an den Ecken ab und schneide sie an den Seiten auf ca. 3 mm zurück. Nähe die Futterteile genauso zusammen, jedoch mit einer Wendeöffnung am Boden.

HENKEL AN DIE AUSSENTASCHE ANBRINGEN

5 Nähe die Henkel, wie auf Seite 24 beschrieben. Wende die Außentasche und stecke die Henkel als Schlaufe mittig an der Oberkante fest. Der Abstand zu den seitlichen Kanten sollte jeweils 10 cm betragen. Achte darauf, dass die Henkel nicht verdreht sind, und nähe sie dann knappkantig fest.

AUSSEN- UND FUTTERTASCHE ZUSAMMENNÄHEN

6 Schiebe die Außentasche rechts auf rechts in die Futtertasche und stecke sie an der Oberkante zusammen. Achte darauf, dass die Seitennähte jeweils genau aufeinander und die Henkel im Inneren zwischen Außen- und Futtertasche liegen. Nähe die Teile an der Oberkante mit 1 cm Nahtzugabe ringsherum zusammen.

7 Drehe die Tasche durch die Wendeöffnung auf die rechte Seite. Forme die Ecken aus, falte die Zugaben der Öffnung nach innen und nähe diese knappkantig zu. Stecke die Futter- in die Außentasche, bügle die obere Nahtkante aus und steppe sie knappkantig ab.

ZUGBAND MIT KORDELSTOPPER ANBRINGEN

8 Ziehe den Kordelstopper mittig auf die (Gummi-) Kordel. Fädle jeweils ein Kordelende mit einer Sicherheitsnadel durch eine Tunnelzugseite und verknote dann die Enden miteinander (diese ggf. mit einem Feuerzeug abflämmen). Den Knoten kannst du im Tunnelzug verstecken. Nun ist die Tasche fertig – du kannst sie zusammenfalten und im kleinen Beutel verstauen.

ROTER ZWERG
EINKAUFSTASCHE UND TURNBEUTEL

Durch die raffinierte Kordelführung wird die Einkaufstasche schnell zum Turnbeutel. Zusammengefaltet im integrierten Täschchen hat sie in jeder Handtasche Platz.

Maße: 30 x 40 cm

MATERIAL

Der Stoffverbrauch bezieht sich auf eine Stoffbreite von 110 cm. Im Schnittmuster ist bereits 1 cm Nahtzugabe enthalten.

Oberstoff 1 in Aprikot (leichter Outdoorstoff): 50 cm

Oberstoff 2 in Grau marmoriert (leichter Outdoorstoff): 30 cm

32 cm Endlosreißverschluss in Kupfer metallisiert mit Schieber

20 cm Endlosreißverschluss in Kupfer metallisiert mit Schieber

kleines Stück Decovil I Light

1 Taschenkarabiner, 20 mm breit

3 Ösen in Kupfer, 8 mm Ø

2 m Kordel, 6 mm Ø

ZUSCHNITT

AUS OBERSTOFF 1

2 x Taschenkorpus oben: 32 x 27 cm

4 x Reißverschluss-Endstücke: 6 cm x Breite des Reißverschlusses

3 x Schlaufe: 6 x 6 cm

2 x kleine Tasche: 20 x 17 cm

AUS OBERSTOFF 2

2 x Taschenkorpus unten*

** im Schnittmusterbogen 1 enthalten*

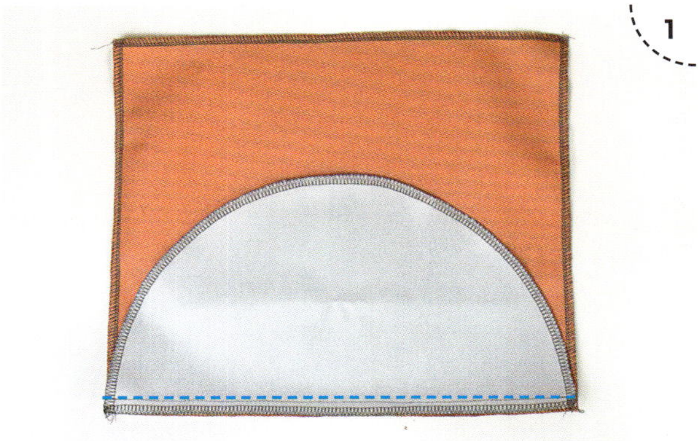

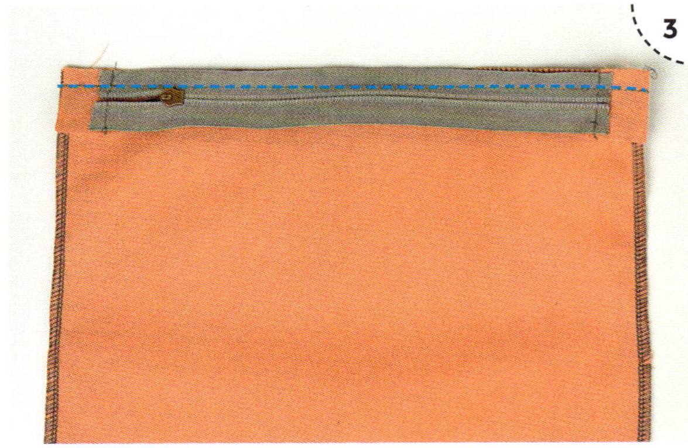

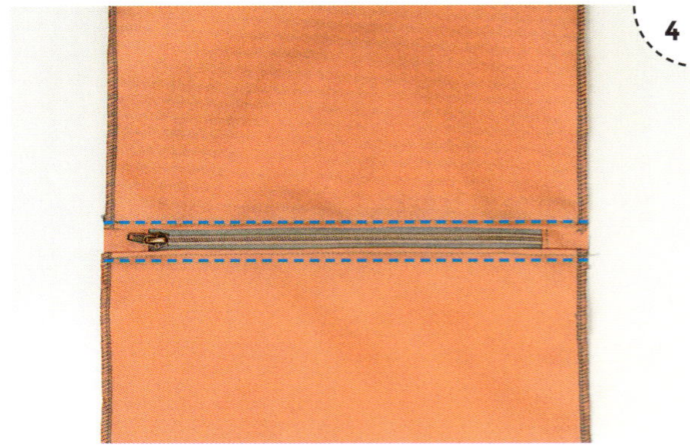

TASCHENKORPUS NÄHEN

1 Versäubere zunächst alle Schnittteile bis auf die Reißverschluss-Endstücke und die Schlaufen. Nähe drei Schlaufen, wie auf Seite 24 beschrieben. Lege jeweils ein unteres und ein oberes Taschenkorpusteil rechts auf rechts an der 32 cm langen Kante aufeinander und nähe sie dort zusammen.

2 Falte die zusammengenähten Teile auf, klappe die Nahtzugaben nach oben und steppe sie knappkantig von der rechten Stoffseite fest. Nähe an einem unteren Taschenkorpusteil zwei Schlaufen an den Markierungen gemäß der Schnittvorlage knappkantig fest.

3 Bereite den Reißverschluss mit den Endstücken, wie auf Seite 19 beschrieben, vor und fixiere ihn rechts auf rechts an der oberen Kante eines Taschenkorpusteils. Setze das Reißverschlussfüßchen ein und nähe die Reißverschlussseite mit 1 cm Nahtzugabe fest. Fixiere die andere Reißverschlussseite am zweiten Taschenkorpusteil und nähe sie ebenso fest.

4 Falte die beiden Taschenkorpusteile auseinander und steppe dann die beiden Nähte am Reißverschluss von der rechten Stoffseite knappkantig ab.

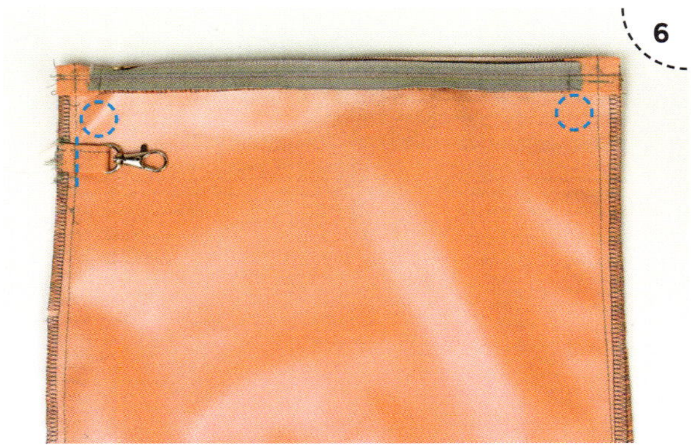

5 Der Reißverschluss sollte nun vollständig geöffnet werden. Lege die beiden Taschenkorpusteile rechts auf rechts zusammen und achte darauf, dass die Verbindungsnähte von oberem und unterem Taschenteil genau aufeinandertreffen und die beiden Schlaufen am unteren Ende der Tasche nach innen zeigen. Nähe die Teile zusammen.

6 Fädle die dritte Schlaufe durch den Karabiner und lege sie 5 cm von der oberen Kante an die linke Taschenseite. Der Karabiner zeigt nach innen. Nähe die Schlaufe fest. Verstärke die Stellen für die Ösen auf beiden Seiten mit Decovil I Light (siehe runde Markierungen). Lege beim Bügeln ein Tuch auf den Outdoorstoff, damit er nicht beschädigt wird.

7 Wende die Tasche durch den geöffneten Reißverschluss und forme die Ecken und Rundungen aus. Bügle die Nahtkanten, lege aber unbedingt wieder ein Tuch darauf, damit der Outdoorstoff durch die Hitze des Bügeleisens nicht beschädigt wird.

8 Bringe nun noch an jeder Ecke, jeweils 2 cm von den Seiten und der Oberkante entfernt, eine Öse an.

WEITER GEHT'S!

9

11

10

12

9 Fädle gemäß Abbildung die Kordel durch die Ösen und die Schlaufen. Knote die Kordelenden an den Schlaufen fest. Die Länge kannst du anpassen. Die Tasche kann schräg über der Schulter getragen werden.

10 Wenn du die Kordel so durch die Ösen ziehst, dass zwei Schlaufen entstehen, kannst du die Tasche auch als Turnbeutel (wie einen kleinen Rucksack) tragen.

KLEINE TASCHE NÄHEN

11 Bereite für die kleine Tasche den Reißverschluss mit den Endstücken vor, wie auf Seite 19 beschrieben. Nähe den Reißverschluss dann wie in Schritt 3 und 4 an die beiden kleinen Taschenteile. Nähe das Täschchen wie in Schritt 5 zusammen. Verstärke eine untere Ecke für die Öse auf beiden Taschenseiten von links mit Decovil I Light.

12 Wende das Täschchen, forme die Ecken aus und bringe an der verstärkten Ecke eine Öse an. Nun kannst du die kleine Tasche an der Öse in den Karabiner der großen einhängen. Zusammengefaltet lässt sich die große in der kleinen Tasche verstauen.

FLACHMANN
DER IDEALE BEGLEITER

Erst groß, dann klein: Diese schicke Stofftasche ist superpraktisch. Zusammengefaltet lässt sie sich überall hin mitnehmen und ist, wenn nötig, schnell einsatzbereit.

Maße: ca. 30 x 35 cm

MATERIAL

Der Stoffverbrauch bezieht sich auf eine Stoffbreite von 110 cm. Im Schnittmuster ist bereits 1 cm Nahtzugabe enthalten.

Oberstoff (Baumwolle): 40 cm
Futterstoff (Baumwolle): 60 cm
Kunstleder: 40 cm
Vlieseline H 180: 40 cm
2 Ösen, 8 mm Ø
Kordel, 8 mm Ø: 80 cm
Webband: 20 cm
1 beziehbarer oder dekorativer Knopf, 3,5 cm Ø
3 Plastikdruckknöpfe (z. B. Kam Snaps)

ZUSCHNITT

AUS OBERSTOFF
2 x Außentasche unten*

AUS FUTTERSTOFF
2 x Futtertasche*

AUS KUNSTLEDER
2 x Außentasche oben*
2 x Boden: 33 x 14 cm

AUS VLIESELINE H 180:
2 x Außentasche unten*

** im Schnittmusterbogen 1 enthalten*

FALTSCHEMA

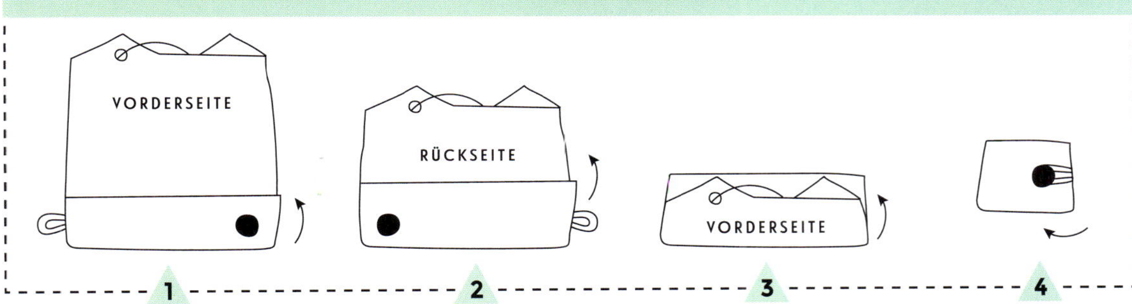

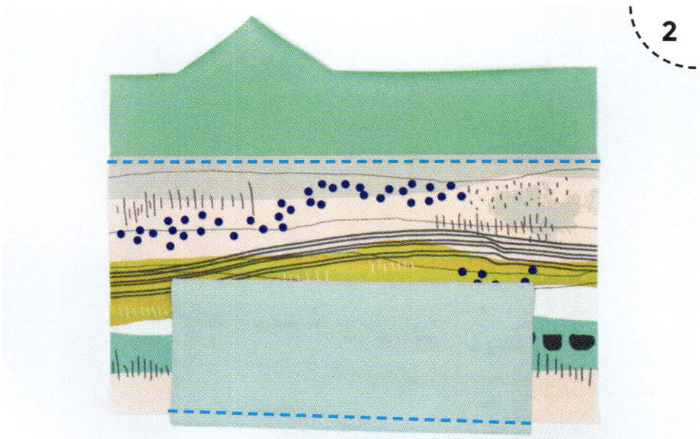

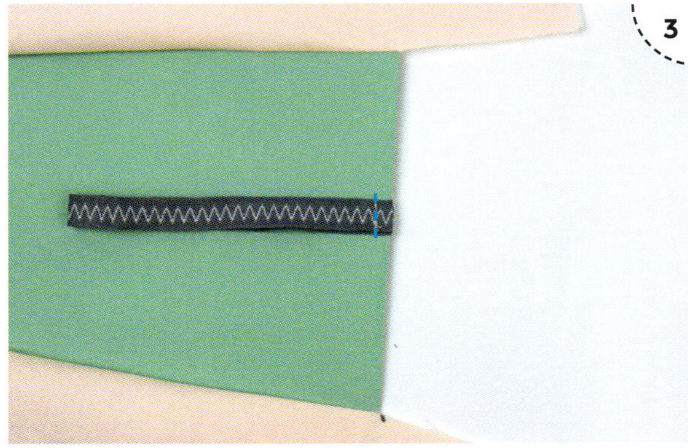

AUSSENTASCHE NÄHEN

1 Lege jeweils die oberen Außentaschenteile rechts auf rechts auf die unteren und nähe sie an der geraden Längskante zusammen.

2 Falte die Außentaschenteile auf, lege die Nahtzugaben nach unten zum Stoffteil und steppe sie dann von der rechten Seite knappkantig ab. Lege den Boden aus Kunstleder rechts auf rechts an die untere Kante eines Außentaschenteils (an der bereits die Nahtzugabe angeschnitten ist) und nähe ihn fest. Lege das zweite Außentaschenteil rechts auf rechts an die zweite lange Bodenkante und nähe es ebenfalls fest.

3 Falte das Webband zu einer Schlaufe und nähe es rechts auf rechts mittig auf einer kurzen Bodenseite knappkantig fest.

4 Lege nun die Außentaschenteile rechts auf rechts so zusammen, dass sie an der oberen Kante bündig liegen, und nähe sie an den Seiten zusammen.

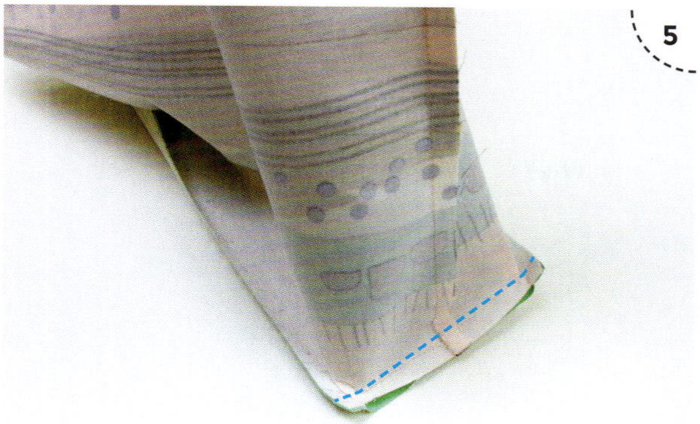

5

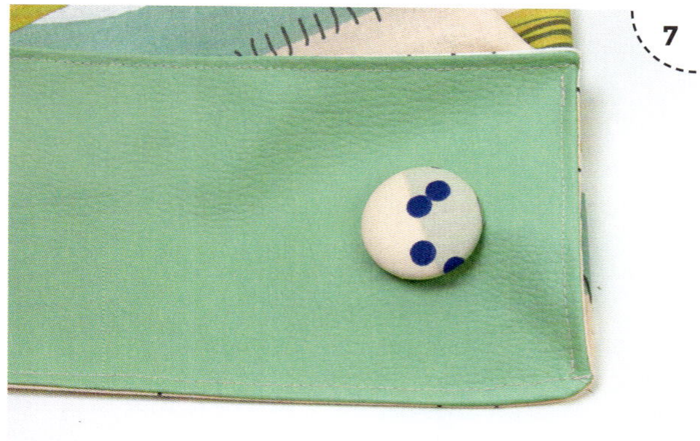

7

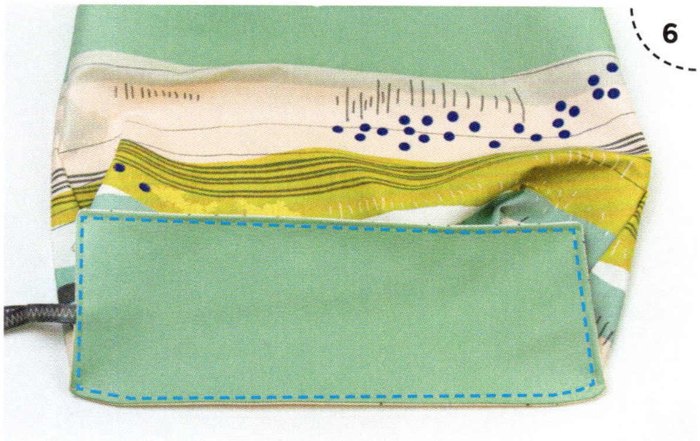

6

8

5 Ziehe die Außentasche nun auseinander, um die noch offenen Kanten am Boden an die Seitennähte zu stecken. Achte darauf, dass diese mittig liegen und nähe die Schmalseiten des Bodens zusammen. Schneide die Nahtzugaben an den Ecken schräg zurück.

6 Wende die Außentasche, forme die Ecken aus und bügle die Kanten des Bodens nur von der Stoffseite aus. Steppe den Boden ringsum knappkantig ab. Der Stoff der Außentasche wird dabei mitgefasst.

7 Beziehe den Knopf mit dem Stoff der Außentasche (siehe Anleitung auf Seite 21) und nähe ihn auf der gegenüberliegenden Seite der Schlaufe ans Bodenteil.

8 Bringe am oberen losen Ende der Schlaufe eine Druckknopfhälfte an und das Gegenstück dann an der Seitennaht der Außentasche. Eine Anleitung dazu findest du auf Seite 17.

WEITER GEHT'S!

9 Bringe an jeder Taschenseite, 4 cm von der Seitennaht und 3,5 cm von der Oberkante entfernt, einen weiteren Druckknopf an.

FUTTERTASCHE NÄHEN

10 Lege die beiden Futtertaschenteile rechts auf rechts aufeinander. Nähe sie an den Seiten sowie an der unteren Kante, dort mit einer Wendeöffnung, zusammen.

11 Ziehe die Innentasche nun auseinander, um die noch offenen Kanten am Boden an die Seitennähte zu stecken. Achte darauf, dass diese mittig liegen und nähe die Schmalseiten des Bodens zusammen. Schneide die Nahtzugaben an den Ecken schräg zurück. Verstärke die Dreiecke an der Oberkante mit Vlieseline.

AUSSEN- UND FUTTERTASCHE ZUSAMMENNÄHEN

12 Stecke die Außentasche rechts auf rechts in die Futtertasche. Achte darauf, dass die Dreiecke und die Seitennähte jeweils genau aufeinanderliegen. Nähe dann die Taschenteile an der oberen Kante ringsum zusammen.

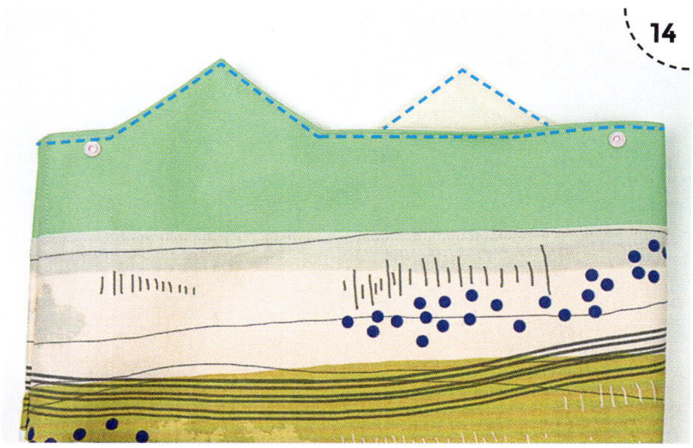

13 Schneide an den Dreiecken die Nahtzugabe der oberen Ecke zurück und die der unteren Ecken V-förmig ein.

14 Wende die Tasche, forme alle Ecken aus und steppe die Oberkante knappkantig ab. Verwende ggf. das Reißverschlussfüßchen, um dicht an den Druckknöpfen vorbeinähen zu können. Schließe die Öffnung am Boden der Futtertasche mit einer knappkantigen Naht.

TASCHENKORDEL ANBRINGEN

15 Bringe die beiden Ösen gemäß der Schnittmustermarkierung an, wie auf Seite 20 beschrieben.

16 Fädle zum Schluss die Kordelenden von außen nach innen durch die Ösen und sichere sie jeweils mit einem Knoten. Die Tasche kannst du nach dem Schema auf Seite 49 wie eine Papiertüte zusammenfalten.

KATHARINA DIE GROSSE
ROBUSTE MARKTTASCHE

Eine Markttasche, die in die Handtasche passt? Kein Problem! Durch die ausgeklügelte Falttechnik macht sich der großzügige Shopper ganz klein.

Maße: 50 x 40 cm

MATERIAL

Der Stoffverbrauch bezieht sich auf eine Stoffbreite von 110 cm. Im Schnittmuster ist bereits 1 cm Nahtzugabe enthalten.

Oberstoff (Canvas): 35 cm

Futterstoff (Baumwolle): 50 cm

Dünnes, weiches Kunstleder: 20 cm

Endlosreißverschluss in Kupfer metallisiert mit Schieber: 60 cm

Gurtband, 2,5 cm breit: 160 cm

1 beziehbarer oder dekorativer Knopf, 3,5 cm Ø

schmales Gummiband: 20 cm

ZUSCHNITT

AUS OBERSTOFF

2 x Außentasche unten*

AUS FUTTERSTOFF

2 x Futtertasche*

AUS KUNSTLEDER

2 x Außentasche oben*

** im Schnittmusterbogen 2 enthalten*

FALTSCHEMA

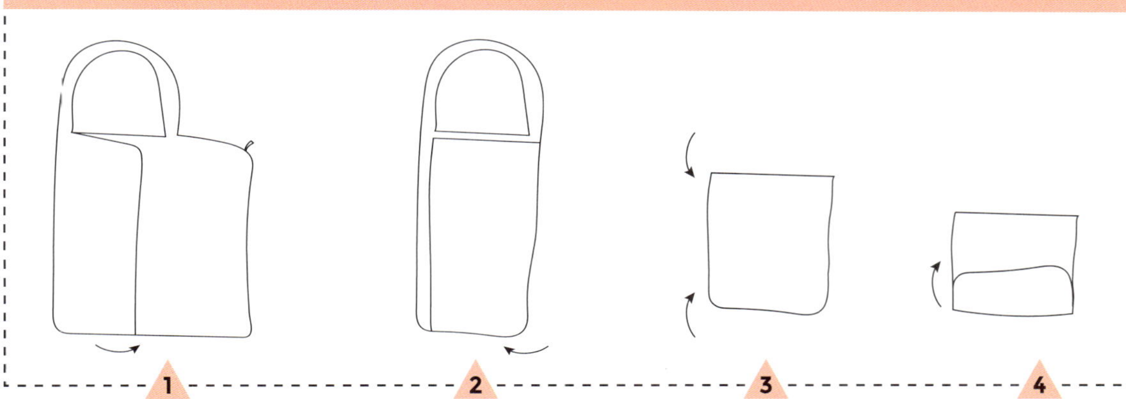

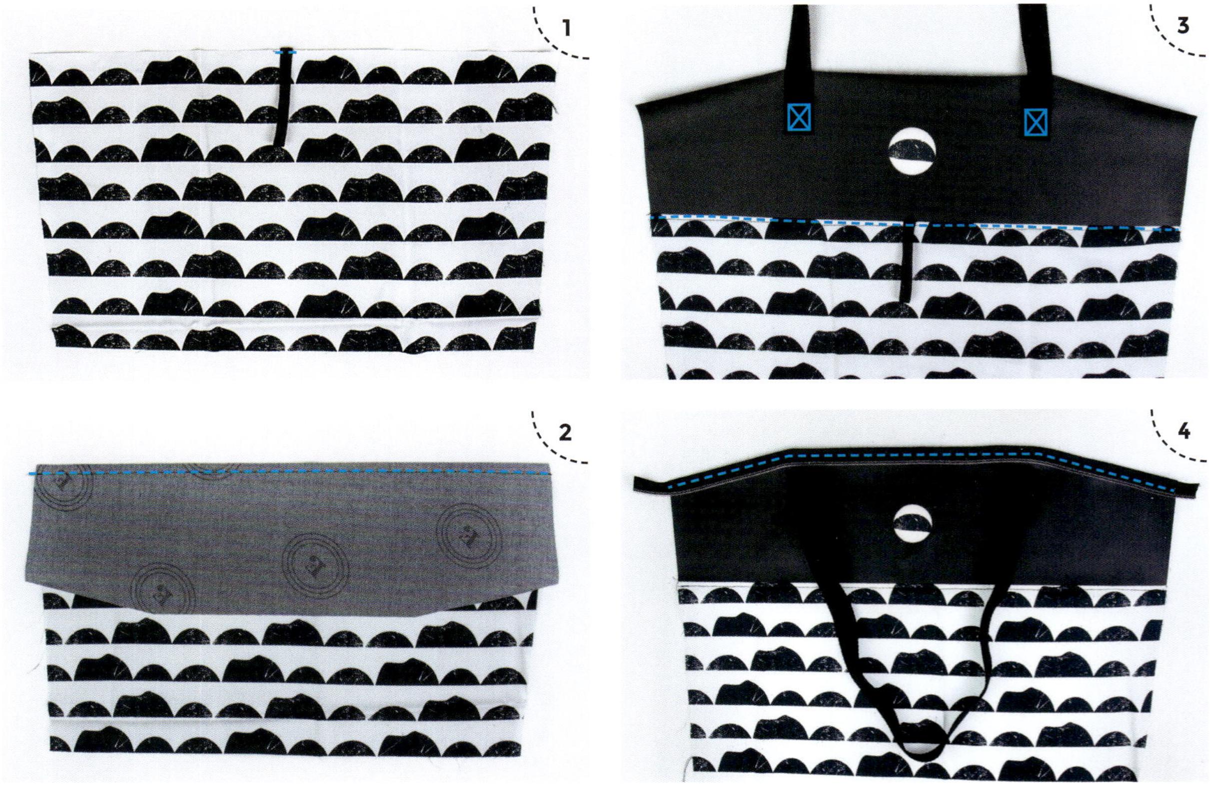

AUSSENTASCHE NÄHEN

1 Falte das Gummiband zur Schlaufe, lege es mit den offenen Kanten mittig an die obere Kante eines unteren Außentaschenteils und nähe es knappkantig fest.

2 Stecke ein oberes Außentaschenteil rechts auf rechts auf das Schnittteil mit dem Gummiband und nähe sie an der Längskante zusammen.

3 Falte die zusammengenähten Teile auf und die Nahtzugaben nach unten. Steppe diese von rechts knappkantig fest. Nähe dann das übrige obere Außentaschenteil an das übrige untere. Halbiere das Gurtband. Versäubere die Enden mit Zickzackstich oder sichere sie (nur bei Polyesterband) durch vorsichtiges Abflämmen mit dem Feuerzeug. Klappe bei einem Gurtbandstück die beiden Enden jeweils 3 cm um, lege sie an die entsprechenden Markierungen (siehe Schnittmuster) am Außenteil und fixiere sie ggf. mit dünnem, doppelseitigem Klebeband. Achte darauf, dass das Gurtband nicht verdreht ist, und nähe die Enden jeweils in Rechteckform fest. Steppe zur Verstärkung noch einmal über Kreuz darüber. Nähe beim zweiten Außentaschenteil das zweite Gurtband ebenso auf. Befestige mittig am oberen Außentaschenteil mit der Schlaufe den Knopf.

REISSVERSCHLUSS EINNÄHEN

4 Öffne den Endlosreißverschluss. Stecke eine Hälfte rechts auf rechts an die Oberkante eines Außentaschenteils. Dabei stehen die Enden ein paar Zentimeter über. Setze das Reißverschlussfüßchen in die Nähmaschine ein und nähe den Reißverschluss fest.

5

7

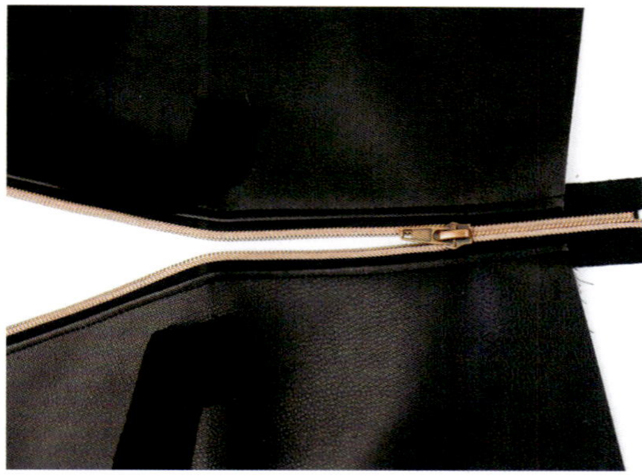

6

8

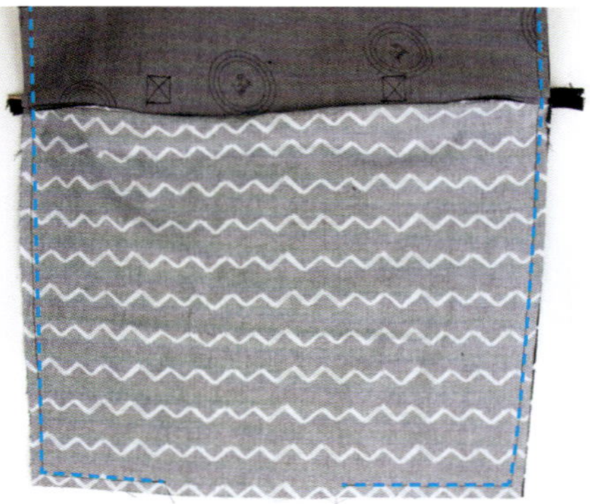

5 Stecke ein Futtertaschenteil rechts auf rechts darüber an die obere Kante und nähe es fest. Der Reißverschluss liegt nun zwischen Außen- und Futterteil.

6 Schneide die Nahtzugaben an den Ecken an der oberen Kante V-förmig ein, damit sich die Naht später besser ausformen lässt. Lege das Außen- und Futtertaschenteil nun links auf links zusammen, sodass der Reißverschluss außen liegt, und forme die Ecken oben aus. Steppe die Kante neben dem Reißverschluss schmal ab. Der Henkel wird dabei nach unten geklappt und nicht mit festgenäht. Nähe die zweite Reißverschlusshälfte genauso an das übrige Außen- und Futterteil.

7 Nun wird der Schieber aufgefädelt, wie auf Seite 18 beschrieben. Achte darauf, dass die beiden Taschenteile dabei auf der gleichen Höhe liegen.

8 Lege nun jeweils die Futter- und Außentaschenteile rechts auf rechts aufeinander. Achte darauf, dass die Verbindungsnähte von Kunstleder und Stoff aufeinandertreffen und der Reißverschluss mindestens zur Hälfte geöffnet ist. Nähe die Teile mit einer Zugabe von 1cm zusammen, lass dabei am Futterboden eine Wendeöffnung frei. Schräge die Nahtzugaben an den Ecken ab, kürze die Reißverschlussenden und wende die Tasche durch den Reißverschluss und die Öffnung im Futterboden. Forme die Ecken mit einem Stäbchen aus und schließe die Wendeöffnung mit einer knappkantigen Naht. Stecke die Futter- in die Außentasche.

TANTE BERTA
SCHNUCKELIGE HANDTASCHE

Umhängetaschen sind immer heiß begehrt. Und diese kann sich durch Auf- und Zuziehen des Reißverschlusses auch noch an den Inhalt anpassen. Einfach super flexibel!

Maße: ca. 27 x 36 cm

MATERIAL

Der Stoffverbrauch bezieht sich auf eine Stoffbreite von 110 cm. Im Schnittmuster ist bereits 1 cm Nahtzugabe enthalten.

Oberstoff (Baumwolle): 50 cm
Futterstoff (Baumwolle): 50 cm
Kunstleder: 50 cm
Vlieseline H 250: 50 cm
Decovil I Light: 25 cm
2 Taschenkarabiner, 2,5 cm breit
2 D-Ringe, 2,5 cm breit
1 Gurtschieber mit großen Öffnungen
4 Buchschrauben
1 Loxx-Knopf
58 cm Endlosreißverschluss in Gold metallisiert mit 2 Schiebern

TIPP

Um die teilweise dicken Stofflagen beim Nähen dieser Tasche zu bewältigen, ist es ratsam, eine Nähmaschinennadel der Stärke 100 zu verwenden. Wenn deine Nähmaschine streikt, kannst du die Schlaufen für die D-Ringe sowie den Trageriemen auch aus 2,5 cm breitem Gurtband nähen.

ZUSCHNITT

AUS OBERSTOFF

2 x Taschenkorpus*
2 x Reißverschluss-Endstücke: 8 cm x Breite des Reißverschlusses

AUS FUTTERSTOFF

2 x Taschenkorpus* (bzw. 4 x, wenn ein Reißverschlussfach eingenäht werden soll)
1 x Taschenboden: 57,5 x 10 cm
1 x Taschenklappe*

AUS KUNSTLEDER

1 x Taschenklappe*
1 x Taschenboden: 57,5 x 10 cm
2 x Schlaufen für D-Ringe: 10 x 10 cm
1 x Trageriemen: 135 x 10 cm

AUS DECOVIL I LIGHT

2 x Taschenkorpus* (auf Oberstoff aufbügeln)

AUS VLIESELINE H 250

2 x Taschenkorpus* (auf Futterstoff aufbügeln)
1 x Taschenklappe* (auf Futterstoff aufbügeln)

** im Schnittmusterbogen 1 enthalten*

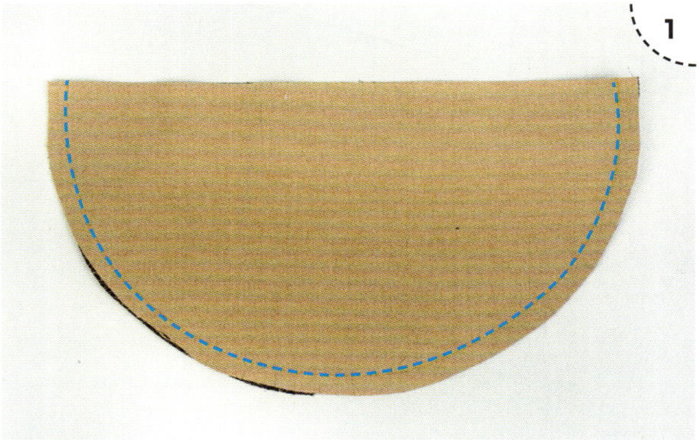

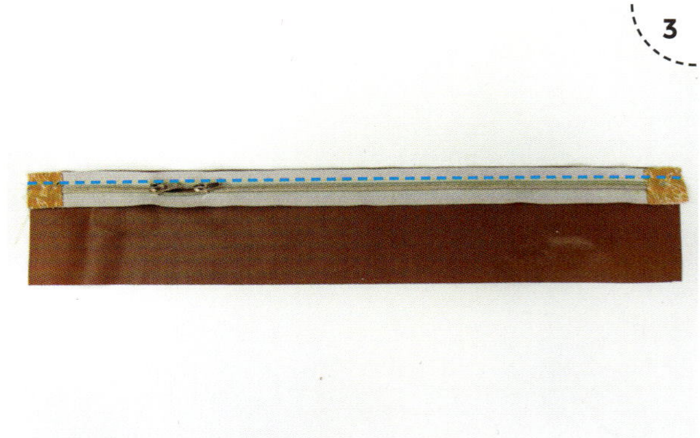

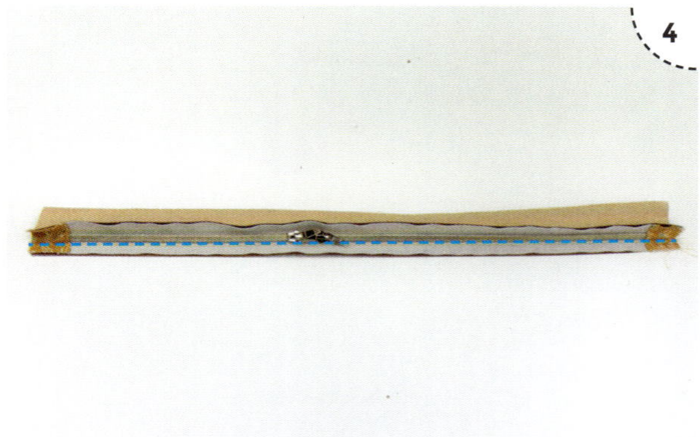

TASCHENKLAPPE NÄHEN

1 Bügle die Vlieseline jeweils auf die linke Seite der entsprechenden Futterteile und übertrage alle Knipse. Lege die Taschenklappenteile rechts auf rechts aufeinander und nähe sie dann an der Rundung mit 1 cm Nahtzugabe zusammen. Schneide die Zugaben an der Rundung in regelmäßigen Abständen V-förmig ein.

2 Wende die Taschenklappe, forme die Rundung aus und steppe die Nahtkante von der rechten Seite schmal ab.

TASCHENBODEN VORBEREITEN

3 Fädle auf den Endlosreißverschluss von beiden Seiten 2 Schieber auf (siehe Seite 18) und nähe die Endstücke fest, wie auf Seite 19 beschrieben. Markiere auf dem Taschenboden aus Kunstleder die Mitte an den Längskanten, lege eine Reißverschlussseite links auf rechts (also offen) an eine dieser Kanten und nähe sie fest (mit dem Reißverschlussfüßchen).

4 Lege die zweite Reißverschlussseite auf die andere Bodenlängskante und nähe sie ebenfalls fest.

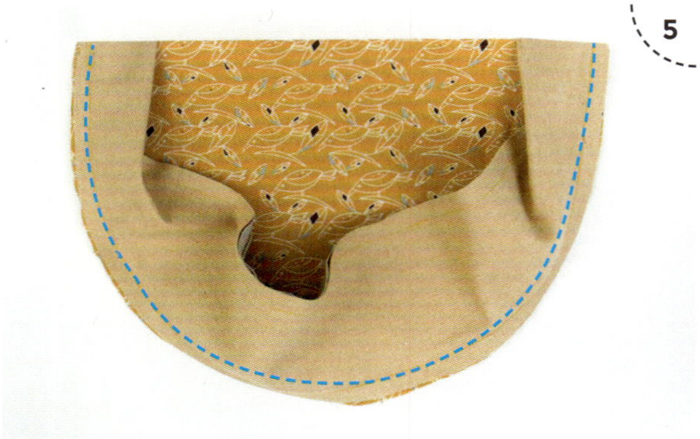
5

7

6

8

AUSSENTASCHE NÄHEN

5 Öffne den Reißverschluss vollständig und lege den Taschenboden, von der markierten Mitte ausgehend, rechts auf rechts auf ein Taschenkorpusteil aus Oberstoff. Stecke den Boden um die Rundung und nähe ihn auf der bereits vorhandenen Reißverschlussnaht fest (der Taschenboden sollte dabei oben liegen). Um das Nähen der Rundung zu erleichtern, kannst du die Nahtzugaben zuvor etwas einschneiden. Nähe das zweite Taschenkorpusteil aus Oberstoff an der anderen Kante des Taschenbodens genauso fest.

6 Bevor du die Außentasche wendest, solltest du die Naht am Reißverschluss noch knappkantig von rechts absteppen. Damit nur die Nahtzugaben festgenäht werden, klappst du den Taschenboden auf der Rückseite zur Seite weg. Das ist etwas knifflig, deshalb am besten nur ganz langsam nähen.

7 Die schmalen Seiten des Taschenbodens haben nun einen Materialüberschuss. Lege ihn auf jeder Seite zu einer Kellerfalte und steppe diese knappkantig fest.

8 Bereite die Schlaufen für die D-Ringe vor, wie auf Seite 24 beschrieben. Steppe die Kanten hier auf beiden Seiten ab. Fädle die D-Ringe auf und befestige den Umschlag jeweils mit einer Buchschraube (siehe Seite 23). Lege die Schlaufen mit den D-Ringen nach unten, jeweils 3 cm von der Taschenseite entfernt, an die obere Kante des Taschenteils und nähe sie knappkantig fest.

WEITER GEHT'S!

9

11

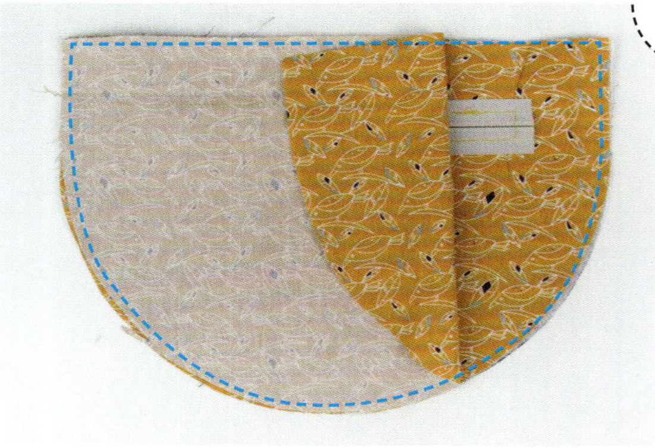

10

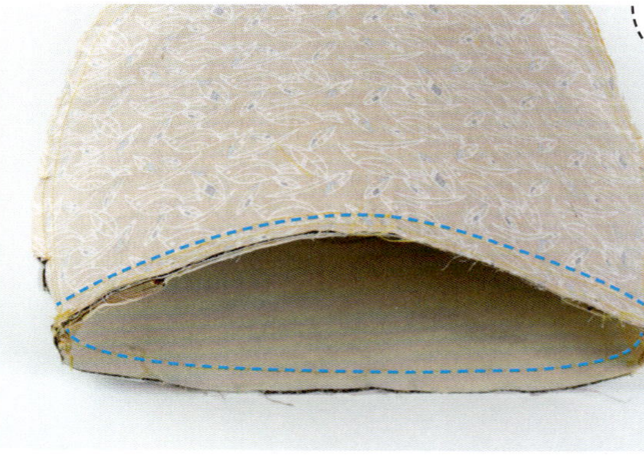

12

9 Lege die Taschenklappe rechts auf rechts auf die Außentasche und nähe sie an der oberen Kante knappkantig fest.

FUTTERTASCHE MIT REISSVERSCHLUSSFACH

10 Wenn du ein Reißverschlussfach einnähen möchtest, folge Schritt 1 bis 4 auf Seite 26. Lege dann das zweite zusätzliche Futterteil hinter den vorbereiteten Futtertaschenkorpus mit Reißverschluss und nähe es ringsum knappkantig fest.

11 Nähe den Futtertaschenboden, von der Mitte ausgehend, an den Futtertaschenkorpus, wie bei der Außentasche. Den zweiten Futtertaschenkorpus ebenfalls annähen, jedoch mit einer Wendeöffnung. Lege die schmalen Seiten des Futtertaschenbodens ebenfalls zu einer Kellerfalte (siehe Seite 61) und nähe sie fest.

AUSSEN- UND FUTTERTASCHE ZUSAMMENNÄHEN

12 Stecke die Außentasche rechts auf rechts in die Futtertasche und nähe sie an der oberen Kante ringsum zusammen. In Höhe der Schlaufen und der Kellerfalten sind die Stofflagen sehr dick. Deshalb solltest du eine Nähmaschinennadel der Stärke 100 verwenden und ganz langsam nähen.

13 Wende die Tasche vorsichtig durch die Bodenöffnung, stecke die Futter- in die Außentasche und bügle die obere Kante von der Futterseite aus. Steppe dann noch die obere Kante schmal ab, nähe auch hier wieder vorsichtig über die dicken Lagen.

14 Bringe den Loxx-Knopf an der Taschenklappe und der Taschenfront an, wie auf Seite 22 beschrieben. Die richtige Position findest du auf dem Schnittmuster.

15 Nähe den Trageriemen, wie auf Seite 24 beschrieben. Wenn das Kunstleder nicht breit genug ist, kannst du den Riemen auch aus mehreren Stücken zusammensetzen. Fädle ein Riemenende 6 cm durch den Taschenkarabiner, schlage es einmal ein und fixiere alle Lagen mit einer Buchschraube.

16 Befestige nun den Gurtschieber, wie auf Seite 25 beschrieben. Schlage das Riemenende 3 cm nach innen um und fixiere alle Lagen mit einer Buchschraube. Hänge den Trageriemen dann in die D-Ringe ein.

TIPP

Anstelle des Loxx-Knopfes kannst du auch einen Magnetverschluss oder ein Mappenschloss verwenden. Bringe diese Verschlüsse nach Schritt 2 und 9 an.

WANDERVOGEL
TASCHE MIT SITZKISSEN

Einfach ideal für Picknick und Co: Erst hilft die Tasche beim Transport der Leckereien ins Freie, dann dient sie dank eingenähtem Polster als Sitzkissen.

Maße: 31 x 41 cm

MATERIAL

Der Stoffverbrauch bezieht sich auf eine Stoffbreite von 110 cm. Im Schnittmuster ist bereits 1 cm Nahtzugabe enthalten.

Oberstoff: 50 cm

Futterstoff: 50 cm

Alu-Sitzkissen oder Style-Vil: 33 x 43 cm

2 Plastikdruckknöpfe (z. B. Kam Snaps)

ZUSCHNITT

AUS OBERSTOFF

1 x mittleres Vorderteil*

1 x Rückteil: 33 x 43 cm

AUS FUTTERSTOFF

2 x seitliches Vorderteil* (gespiegelt zuschneiden)

2 x Futtertasche: 33 x 43 cm

2 x Henkel: 50 x 9 cm

AUS STYLE-VIL (optional, wenn kein Sitzkissen verwendet wird)

1 x Sitzkissen: 33 x 43 cm

**im Schnittmusterbogen 2 enthalten*

1

2

3

4

AUSSENTASCHE NÄHEN

1 Stecke die beiden seitlichen Vorderteile rechts auf rechts auf das mittlere Vorderteil und nähe sie fest. Bügle die Nahtzugaben zum mittleren Vorderteil.

2 Lege das Sitzkissen oder Style-Vil auf die linke Stoffseite des Vorderteils und nähe es knappkantig fest.

3 Das Sitzkissen wird zusätzlich fixiert, indem du von der rechten Stoffseite die schrägen Nähte auf dem mittleren Vorderteil noch knappkantig absteppst.

4 Stecke das Rückteil der Außentasche rechts auf rechts auf das Vorderteil und nähe sie bis auf die obere Kante zusammen. Schneide die Nahtzugabe an den unteren Ecken zurück, wende die Tasche, forme die Ecken aus.

5

7

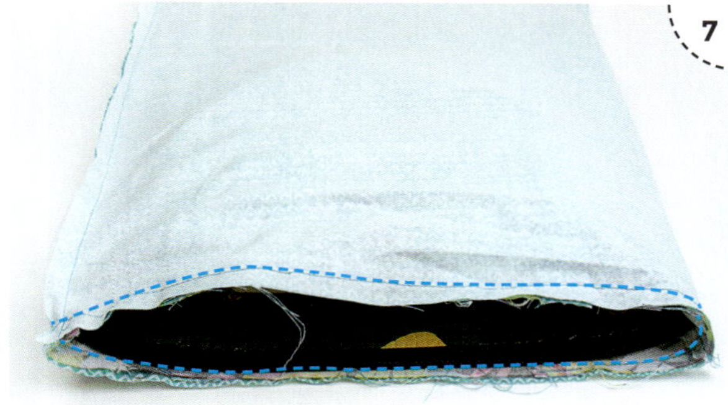

6

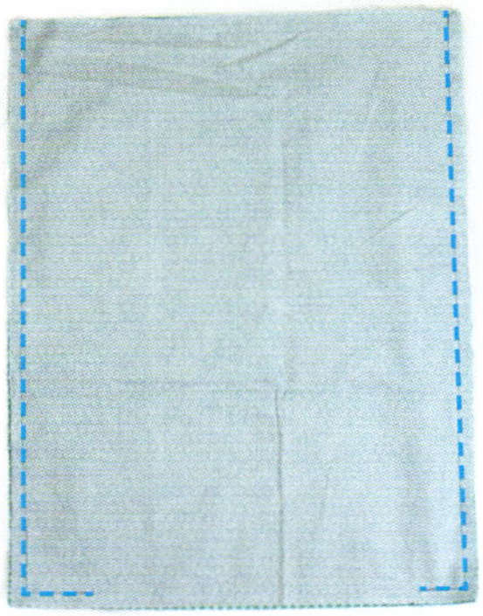

8

HENKEL FESTNÄHEN

5 Nähe nach der Anleitung auf Seite 24 zwei Henkel und stecke sie als Schlaufe jeweils am Vorder- und Rückteil der Außentasche fest. Der Abstand zu den Seitenkanten beträgt jeweils 6 cm. Achte darauf, dass die Henkel nicht verdreht sind und nähe sie knappkantig fest.

FUTTERTASCHE NÄHEN

6 Stecke die beiden Futtertaschenteile rechts auf rechts und nähe sie zusammen; die obere Kante bleibt wie bei der Außentasche offen und an der unteren Kante lässt du eine Wendeöffnung frei. Schneide die unteren Ecken bis kurz vor die Naht zurück.

AUSSEN- UND FUTTERTASCHE ZUSAMMENFÜGEN

7 Stecke die Außen- rechts auf rechts in die Futtertasche. Achte darauf, dass die Seitennähte genau aufeinander und die Henkel im Inneren der Tasche liegen. Nähe die Teile an der oberen Kante zusammen.

8 Wende die Tasche, forme alle Ecken aus und schließe die Wendeöffnung mit einer knappkantigen Naht. Schiebe die Futter- in die Außentasche und steppe die obere Taschenkante von der rechten Stoffseite knappkantig ab. Anschließend kannst du noch zwei Druckknöpfe als Verschluss jeweils 10 cm von der Seitenkante und 2 cm von der Oberkante der Tasche anbringen.

ROTER RIESE
SPIELDECKE UND TASCHE

Das bunte Lieblingsstück wird mit ein paar Faltungen von einer kuscheligen Spieldecke für die Kleinen zur stylishen Tasche für die Großen.

Maße: ca. 90 x 90 cm

MATERIAL

Der Stoffverbrauch bezieht sich auf eine Stoffbreite von 110 cm. Im Schnittmuster ist bereits 1 cm Nahtzugabe enthalten.

Oberstoff 1: 70 cm; Oberstoff 2: 70 cm

Wachstuch: 1 m

Volumenvlies Vlieseline 281: 1 m

5 Plastikdruckknöpfe (z. B. Kam Snaps)

5 m vorgefalztes Schrägband

Die Schnittteile aus Wachstuch und Volumenvlies werden erst zugeschnitten, wenn die Oberseite der Decke fertig genäht ist (siehe Schritt 3 und 4).

**im Schnittmusterbogen 1 enthalten*

ZUSCHNITT

AUS OBERSTOFF 1

4 x Quadrat: jeweils 32 x 32 cm

AUS OBERSTOFF 2

1 x Quadrat: 32 x 32 cm

4 x Seitendreieck*

2 x Tragehenkel: 95 x 9 cm

AUS WACHSTUCH

1 x Deckenunterseite: 90 x 90 cm

AUS VOLUMENVLIES

1 x Deckenunterseite: 90 x 90 cm

FALTSCHEMA

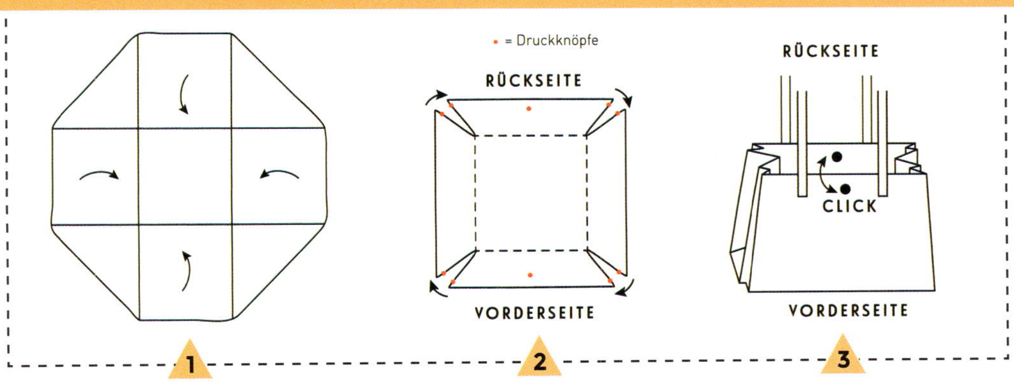

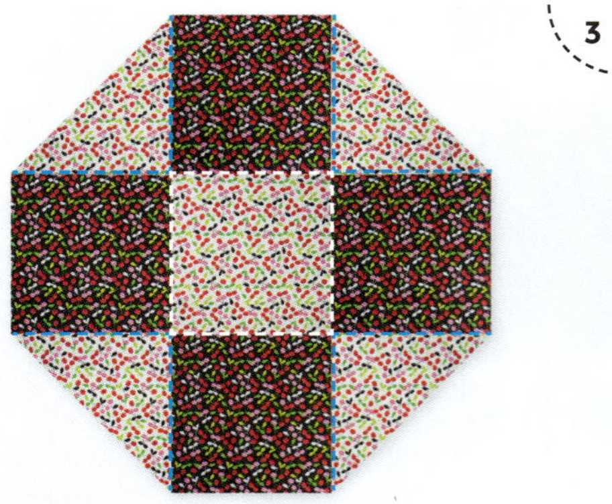

PATCHWORK-OBERTEIL NÄHEN

1 Stecke ein Seitendreieck rechts auf rechts auf ein Quadrat aus Oberstoff 1 und nähe es an einer rechtwinkligen Kante (gerader Fadenlauf) fest. Nähe auf der gegenüberliegenden Seite des Quadrates symmetrisch dazu auf die gleiche Weise ein zweites Dreieck fest. Nähe noch eine zweite Reihe aus einem Quadrat aus Oberstoff 1 und zwei Dreiecken aus Oberstoff 2.

2 Nähe die restlichen Quadrate aus Oberstoff 1 und 2 zu einem geraden Streifen aneinander. Bügle alle Nahtzugaben an allen Streifen auseinander.

3 Nun werden die drei Patchwork-Streifen zusammengesetzt: Stecke die Streifen mit den Dreiecken jeweils an die Längskante des Streifens mit den Quadraten. Nähe die Streifen zusammen und achte darauf, dass die Nähte genau aufeinandertreffen. Stecke das Deckenoberteil mit der linken Stoffseite auf das Volumenvlies. Beginne dabei in der Mitte (blaue Linie) und stecke die Nadeln nach außen direkt auf den Nähten fest. Nähe zunächst im Nahtschatten des mittleren Quadrats das Vlies fest (weiße Linie). Danach steppst du jeweils von Deckenmitte nach außen im Nahtschatten die restlichen Nähte ab (gestrichelte Linie). Schneide das überstehende Volumenvlies auf die Größe des Patchwork-Oberteils zurück.

WACHSTUCH-UNTERTEIL FESTNÄHEN

4 Lege das Patchwork-Oberteil links auf links auf das Wachstuch und schneide dieses entsprechend der Form des Oberteils zu. Fixiere die Stofflagen mit Stoffclips und nähe sie ringsum knappkantig zusammen.

KANTEN MIT SCHRÄGBAND EINFASSEN

5 Miss am Schrägband von einem Falz bis zur Kante. Dieses Maß ist wichtig für eine schön ausgeformte Ecke. Hier sind es zum Beispiel 7 mm.

6 Falte das Schrägband auseinander und lege es rechts auf rechts an die Kante der Decke. Klappe den Bandanfang ca. 1,5 cm nach innen um und befestige ihn mit Clips. Beginne am besten in der Mitte an einem Stoffdreieck. Nun kannst du das Schrägband festnähen.

7 Kurz bevor du an einer Ecke angekommen bist, misst du exakt von der Ecke 7 mm nach oben und markierst die Stelle auf dem Schrägband. Nähe nur bis zu dieser Markierung und verriegle die Naht.

8 Klappe nun das Schrägband im Winkel der Schräge, nur gespiegelt, nach außen. Die Falzkante trifft genau auf die Ecke.

WEITER GEHT'S!

9 Klappe das Band wieder zurück, lege es parallel zur Kante und fixiere es. Beginne mit der Naht 7 mm von der Ecke entfernt. Es bleibt also eine offene Falte. Nähe alle Ecken auf diese Weise.

10 Wenn das Schrägband ringsum festgenäht ist, lässt du das Ende ca. 2 cm überlappen und steppst es fest.

11 Klappe das Schrägband um die Kanten auf die Deckenrückseite und forme die Eckfalten aus. Steppe das Band knappkantig von der Deckenoberseite fest.

12 Damit sich die Decke zur Tasche zusammenfalten lässt, werden zur Fixierung Druckknöpfe angebracht: Klappe die Seitendreiecke nach innen und bringe auf der Naht jeweils ca. 2 cm von der oberen Kante einen Druckknopf an. Wiederhole diesen Schritt an den restlichen drei Seitendreiecken. Wenn alle Dreiecke nach innen geklappt sind, sollte ein Würfel entstehen.

13

15

14

16

13 Klappe nun zwei gegenüberliegende Quadrate, die die Taschenseiten darstellen, nach innen, sodass eine Art Kellerfalte entsteht. Die eingeklappten Seitendreiecke schmiegen sich hier von innen an. Bringe nun noch mittig am oberen Rand einen weiteren Druckknopf als Taschenverschluss an.

14 Nähe zwei Tragehenkel, wie auf Seite 24 beschrieben, und klappe die Enden jeweils zweimal nach innen um, sodass die offene Kante des Henkels im Falz liegt.

15 Befestige die Henkel als Schlaufen an den Quadraten mit dem Druckknopfverschluss: Nähe die Henkelenden jeweils im Quadrat und dann noch über Kreuz fest. Achte darauf, dass die Tragehenkel nicht verdreht sind.

16 Falte die Decke zu einer Tasche zusammen, indem du alle Druckknöpfe schließt.

TIPP

Einfacher zu nähen ist die Decke ohne Einfassung: Dafür nähst du das Patchwork-Oberteil und das Wachstuch-Unterteil rechts auf rechts zusammen und lässt eine Wendeöffnung frei. Die Ecken bis zur Naht abschrägen, die Decke wenden, Ecken ausformen und die Decke ringsum knappkantig absteppen.

PARADEROLLE
SCHICKE SPORTTASCHE

Diese Sporttasche kann sich ganz klein machen: Durch den Reißverschluss an den Seitenteilen lässt sie sich mit wenigen Handgriffen zusammenfalten und verstauen.

Maße: ca. 20,5 x 40 cm

MATERIAL

Der Stoffverbrauch bezieht sich auf eine Stoffbreite von 110 cm. Im Schnittmuster ist bereits 1 cm Nahtzugabe enthalten.

Oberstoff (dünner Outdoorstoff): 40 cm

Kunstleder: 30 cm

Gurtband, 2,5 cm breit: 270 cm

1 teilbarer Reißverschluss: 70 cm

42 cm Endlosreißverschluss mit Schieber

ZUSCHNITT

AUS OBERSTOFF

2 x Taschenkorpus: 42 x 36 cm

2 x Reißverschluss-Endstücke: 8 cm x Breite des Reißverschlusses

AUS KUNSTLEDER

2 x Seitenteil*

**Im Schnittmusterbogen 2 enthalten*

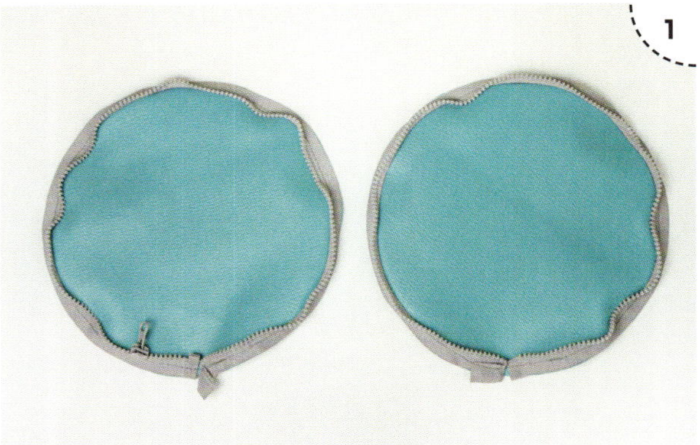

SEITENTEILE MIT REISSVERSCHLUSS VORBEREITEN

1 Übertrage die Markierungen von der Schnittmustervorlage auf die linke Stoffseite der Seitenteile. Öffne den teilbaren Reißverschluss und fixiere eine Hälfte mit Wondertape rechts auf rechts entlang der Rundung eines Seitenteils. Anfang und Ende der Reißverschlusshälfte treffen sich an der entsprechenden Markierung. Klappe das obere Reißverschlussende schräg weg und nähe ihn fest (mit dem Reißverschlussfüßchen). Die zweite Reißverschlusshälfte auf die gleiche Weise am zweiten Seitenteil festnähen.

TRAGERIEMEN BEFESTIGEN

2 Schneide das Gurtband in zwei 135 cm lange Stücke. Lege eines, wie abgebildet, als Schlaufe auf die rechte Seite eines Taschenkorpusteils und fixiere es. Die Abstände zum seitlichen Rand betragen jeweils 10 cm. Setze auf dem Gurtband, jeweils 5 cm vom oberen Rand des Taschenteils gemessen, eine Markierung. Nähe nun das Gurtband knappkantig auf beiden Seiten bis zu dieser Markierung fest und am oberen Ende noch einmal ein Rechteck und über Kreuz zur Verstärkung. Mit dem zweiten Taschenkorpusteil und Gurtband wiederholen.

TASCHENKORPUS MIT REISSVERSCHLUSS NÄHEN

3 Versäubere die obere und untere Kante der Taschenkorpus-Teile und bereite den Endlosreißverschluss mit den Endstücken vor, wie auf Seite 18 und 19 beschrieben. Fixiere den Reißverschluss rechts auf rechts an der oberen Kante eines Taschenkorpusteils und nähe ihn fest (dafür den Reißverschlussfuß einsetzen).

5

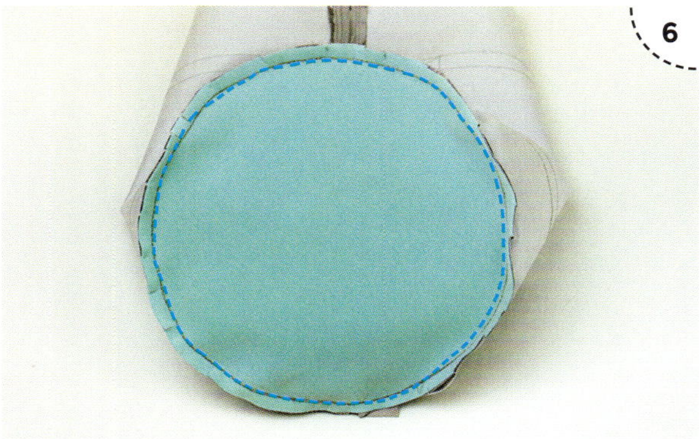
6

7

8

4 Fixiere die andere Reißverschlusshälfte am zweiten Taschenkorpusteil ebenfalls rechts auf rechts und nähe sie fest. Nun kannst du die Naht von der rechten Stoffseite links und rechts neben dem Reißverschluss knappkantig absteppen.

5 Lege die Taschenkorpusteile rechts auf rechts aufeinander und nähe sie an der unteren Kante zusammen.

TASCHENKORPUS MIT SEITENTEILEN VERBINDEN

6 Fixiere nun den Taschenkorpus gleichmäßig an den Seitenteilen. Achte darauf, dass der Anfang und das Ende des seitlichen Reißverschlusses auf die Bodennaht des Taschenkorpus und die gegenüberliegende Markierung der Seitenteile auf den Reißverschluss an der Oberseite der Tasche treffen. Öffne diesen Reißverschluss um mindestens die Hälfte. Schneide die Nahtzugaben der Seitenteile in gleichmäßigen Abständen ein. So lassen sich die Rundungen besser nähen. Nähe dann jeweils auf der bereits vorhandenen Naht des Seitenteils, mit der der teilbare Reißverschluss befestigt wurde. Versäubere nun noch die Kanten.

7 Wende die Tasche durch den Reißverschluss und forme die Rundungen gründlich aus.

8 Nun kannst du die Tasche zusammenfalten und die Seitenteile mithilfe des teilbaren Reißverschlusses miteinander verbinden. Die Tasche lässt sich besser falten, wenn der Endlosreißverschluss geöffnet ist.

ÜBER DIE AUTORIN

Ich bin Claudia und lebe mit meinem Freund und zwei Katzen in Dresden. Dort arbeite ich als freie Grafikdesignerin, Bloggerin, Autorin und Schnittmusterdesignerin.

Auf meinem Blog „Frau Fadenschein" dreht sich alles ums Selbermachen. Ich teile dort Nähprojekte, Schnittmuster, Rezepte, Gehäkeltes, inspirierende Bücher und allerlei DIY-Projekte. In meinen Rubriken erstelle ich für einzelne Projekte detaillierte Anleitungen zum Nacharbeiten und zur Inspiration für meine Leser. Außerdem veröffentliche ich eigene Nähanleitungen und Schnittmuster, die über meine Webseite erhältlich sind.

Hier bekommst du alle Neuigkeiten von Frau Fadenschein:

Blog: fraufadenschein.de
Facebook: facebook.com/fraufadenschein
Instagram: instagram.com/frau_fadenschein
Näh.Community: facebook.com/groups/fraufadenschein
Teile deine Näh-Werke gern mit #fraufadenschein

DANKSAGUNG

Ein Buch ist ein Projekt, in das man Arbeit, Herzblut und Zeit hineinsteckt. Umso dankbarer bin ich, dass ich mit so vielen tollen Partnern zusammenarbeiten darf! Ich bedanke mich ganz herzlich bei meinen Sponsoren: Bei "Alles für Selbermacher" und "Stoffe.de" für wunderschöne Stoffe, bei "Snaply" für geniale Materialien wie ReLeda, Kunstleder und super Taschenzubehör sowie bei "Stoff und Stil" für wunderbare Stoffe im skandinavischen Stil.

Ein besonderer Dank geht wie immer an meinen Partner, der mein kreatives Chaos erträgt, und meine Familie, die immer ein offenes Ohr hat und mich geduldig unterstützt.

Ein großes Dankeschön geht auch an die Edition Michael Fischer, die es mir ermöglichte, mein drittes Nähbuch zu veröffentlichen, im Besonderen an die Redakteurinnen Heike Fröhlich und Judith Wiedemann, die mir mit Rat und Tat zur Seite standen, die Grafikerin im Verlag und meine Fotografin Elisabeth Berkau, die die Modelle und Anleitungen so wunderschön in Szene gesetzt haben.

Und natürlich bedanke ich mich herzlichst bei meinen Lesern. Ich freue mich sehr über eure Nachrichten mit Bildern eurer Werke nach meinen Anleitungen. Das bestärkt mich immer wieder in meinem Tun!

VON DER
GLEICHEN AUTORIN

1 Frau – 16 Taschen
Praktische Must-Haves für
jede Gelegenheit nähen
978-3-86355-683-9
128 Seiten, 20 x 23,5 cm
14,99 €

Fantastisch Praktisch –
Ordnungshelfer nähen
Körbe, Utensilos, Etuis und vieles mehr
978-3-86355-776-8
80 Seiten, 22,6 x 22,6 cm
14,99 €

IMPRESSUM

Bibliografische Information der Deutschen Bibliothek.

Die Deutsche Bibliothek verzeichnet diese Publikation in der Deutschen Nationalbibliografie. Detaillierte bibliografische Daten sind im Internet über http://www.dnb.de/ abrufbar.

EIN BUCH DER EDITION MICHAEL FISCHER

2. Auflage 2018

Covergestaltung, Layout und Satz: Silvia Keller
Produktmanagement: Heike Fröhlich, Judith Wiedemann
Lektorat: Gisela Witt, München
Bilder: Elisabeth Berkau, Unterhaching,
Claudia Günther: alle Schrittbilder

ISBN 978-3-86355-853-6

Gedruckt bei Polygraf Print,
Čapajevova 44, 08001 Prešov, Slowakei

www.emf-verlag.de